美丽新楼塔

中共杭州市萧山区楼塔镇委员会
杭州市萧山区楼塔镇人民政府 编

浙江工商大學出版社 ZHEJIANG GONGSHANG UNIVERSITY PRESS | 杭州

图书在版编目(CIP)数据

美丽新楼塔 / 中共杭州市萧山区楼塔镇委员会，杭州市萧山区楼塔镇人民政府编. — 杭州 ：浙江工商大学出版社，2020.1

ISBN 978-7-5178-3605-6

Ⅰ. ①美… Ⅱ. ①中… ②杭… Ⅲ. ①乡镇一地方史一萧山区 Ⅳ. ①K295.55

中国版本图书馆 CIP 数据核字(2019)第 273521 号

美丽新楼塔

MEILI XIN LOUTA

中共杭州市萧山区楼塔镇委员会
杭州市萧山区楼塔镇人民政府 编

责任编辑 张晶晶

特约编辑 李大军

封面设计 林朦朦

责任印制 包建辉

出版发行 浙江工商大学出版社

(杭州市教工路 198 号 邮政编码 310012)

(E-mail:zjgsupress@163.com)

(网址:http://www.zjgsupress.com)

电话:0571－88904980,88831806(传真)

排　　版 杭州朝曦图文设计有限公司

印　　刷 杭州宏雅印刷有限公司

开　　本 880mm×1230mm 1/32

印　　张 7.75

字　　数 174 千

版 印 次 2020 年 1 月第 1 版 2020 年 1 月第 1 次印刷

书　　号 ISBN 978-7-5178-3605-6

定　　价 36.00 元

序

“东晋名士的浪漫在这儿流淌，绣一幅绿水青山的生态画卷；百药山的传说豪气冲天，垒垒之石化成仙；洲口桥的沧桑岁岁年年，涓涓之水汇成河……”镇歌《楼塔，我亲爱的家乡》，深情地唱出了这方山水的秀美以及人文的璀璨。

楼塔，被称为“萧山南大门”，在萧山、富阳、诸暨三地交界处，风光旖旎、山幽涧碧、松竹修茂。楼塔镇历史悠久，由五代十国时期的钱镠王之甥楼晋肇基发族，距今已有 1100 多年，是名副其实的千年古镇。楼塔，古称仙岩。相传东晋名士许询曾在此隐居，后羽化成仙。唐代诗人王勃曾在仙岩题诗：“崔嵬怪石立溪滨，曾隐征君下钓纶。东有祠堂西有寺，清风岩下百花春。”

楼塔有着深厚的文化积淀，历代名人辈出。元末明初有名医楼英，他所著的《医学纲目》要早于李时珍的《本草纲目》；晚清时期的楼殿英为楼永福“黑旗军”的主要将领；中华人民共和国成立前夕的楼曼文女士，为妇女运动先驱。楼塔是萧山区闻名的文化艺术之乡，楼塔“细十番”被列入第一批国家级非物质文化遗产扩展项目名录，境内佳山坞、母岭等地，每年都要迎来独特的“半年节”。另外，楼塔还素有“篮球之乡”之称。

改革开放以来，楼塔镇经济迅速崛起，全镇形成了造纸纸箱、服装轻纺、电子电声、五金机械、纱艺花边“五大”行业。特别是纱艺块状经济，已形成纱头、尼龙粘扣、头巾纱、装饰布等产业群。千年古镇，再绘新画卷。2018 年 6 月，楼塔镇开启小城镇环境综合整治行动，并被列为重点争创省级样板镇的苗子镇。楼塔老街曾为萧、富、诸地区的商贸重镇之一，围绕古镇、古桥、古溪、古树、古人，突出“古”字，做活“水”字，通过美学再一次唤醒了沉睡千年的文化，目前老街已经得到“重生”。小城镇环境的整治，切实提升了老百姓的幸福感。同时，一批艺术培训机构的入驻，也为楼塔镇的进一步发展奠定了基础。

《美丽新楼塔》一书，收录了各地作家诗人通过在楼塔采风而写就的散文、诗歌等作品，本书的出版，将成为楼塔镇文学艺术事业发展过程中的又一枚硕果，将为宣传楼塔、推介楼塔做出新的贡献。我们相信，楼塔的明天一定越来越好，越来越美。

中共杭州市萧山区楼塔镇委员会

杭州市萧山区楼塔镇人民政府

2019 年 12 月

目录

文脉·传承

古镇·风韵

诗·词

歌·剧

文脉·传承

下街

仙岩、仙源与仙境——“仙人”许询、支遁辈在萧山楼塔的仙踪

蔡惠泉

我在楼塔采风时看到一条朋友圈，是30年前的学生以白描手法描述她家乡的故事：“记忆中小时候的外婆家风景很好的，最怀念的是很多口方井，沿石阶下去，可以直接打水，还可以网虾。岩上人家沿山建屋，除了方井，还有用毛竹接山水到家门附近，几户人家一起打水。楼塔镇上的井又不同，圆井用绳吊桶拎水比较普遍。”

仙境的生活充满了诗意。

“千岩竞秀，万壑争流。草木蒙笼其上，若云兴霞蔚。”早年读《世说新语》，刘义庆笔下的顾恺之对会稽山水的描绘，今日方悟。

四围山色九曲溪，半是仙源半是城。一步入楼塔，就被那挺拔而又不失妩媚的风姿所吸引。山水有仙风道骨，你有佛缘，就能与之共鸣。

“仙岩”是楼塔的标志之一。这座高数百丈、兀然独立的山峰，1700年来，因“仙人”曾居其上垂钓、与文友诵经论道，超然尘世，而享誉一方。

“崔嵬怪石立溪滨，曾隐征君下钓纶。东有祠堂西有寺，清风岩下百花春。”唐代诗人王勃曾赋诗赞誉。可惜的是，位于溪

水中央的仙岩，因取直河（溪水）道的决策而被搬走。

山没有水，如同人没了眼睛，少了灵性。九曲溪少了一处湾，仙岩与奔腾不息溪水的亲密接触被阻断，那“宛在水中央”的圣洁和青葱勃发，只待回忆。

如今，诉说着它前生今世的，只有“岩山亭”廊柱上的楹联“许询隐钓清风明月元度岩，支遁布经般若即色重兴寺”，和碑文《岩山亭记》：“翡翠叠嶂烟霞缭绕，云崖壁立卷幔舒岫；巉岩嶙峋排狮列象；千姿百态，皆造物点化。涧泉奏鸣，传天籁遗音；春夏奔洪……”

“仙人”即许询。这位历史上有口皆碑的高人，留下了仙岩、仙源与仙境的佛门、文坛佳话。

《萧山人物志》1955 年成稿，83 岁的“邑人”有传：询隐居不仕。召为朝议郎，不就。尝登永兴县西山，筑室其上，萧然自致。考询永兴新宅，在崇化乡西南四十里，有慈云寺；县西九十里，有重兴院，皆询所居也。王勃“山亭序”云：“永兴新郊，许玄度之风月。”盖谓此也。

家财万贯，散财有道；学富五车，敝屣功名。县城江南名刹祇园寺，曾占地 36 亩，古塔钟声，梵宇宏伟，源于他“舍宅而寺”。唐代诸暨县令丘丹有《萧山祇园寺》诗，“东晋许征君，西方彦上人。……千秋不相见，悟定是吾身。”诗言志，崇仰、感慨之情，溢于诗行。嵊州的王羲之纪念馆（墓地）、方志史乘及佛门典籍，念叨着当年一代文人雅士的行踪。

《世说新语》有多条记载许询的文字，连简文帝亦青睐。

许玄度隐在永兴南幽穴中，每致四方诸侯之遗。或谓许曰：“尝闻箕山人似不尔耳。”许曰：“筐篚苞苴，故当轻于天下之宝耳！”

简文帝称许询云："玄度五言诗，可谓妙绝时人。"

仙岩梧桐树，引得鹏鸟来！

《高僧传》是一部佛教史书，南朝梁僧慧皎撰。研究汉魏六朝文学及佛教在中国的发展和佛经翻译等，不可不读此书。书中有许询和孙绰、支遁、王羲之等游学交流及慧远、谢灵运等人的故事。

谢灵运、谢惠连都留有吟咏萧山山水的诗，这儿且按下不提。

这拨"仙人"中，与许询一起讲经的高僧支遁颇有故事。

"梦笔江淹留胜迹，讲经支遁喜文辞。"

支遁，号道林，佛学家，有《即色游玄论》等著作传世。他对佛学文化的贡献，首先在于不遗余力地推进佛教中国化，建立即色宗，为东晋般若学"六家七宗"中影响最大的宗派之一。郗超以为："数百年来，绍明大法，令真理不绝，一人而已！"

支遁在隐居山阴、会稽期间，交游名士，处茂林修竹，与许询等40余人参加兰亭修禊盛会，曲水流觞，俯仰天地。在剡县（现嵊州），王内史安排他住在灵嘉寺。晋哀帝即位，曾屡次派人征请。

然仙人的向往岂在功名。"（谢）安先居会稽，与支道林、王羲之及许询共游处。出则渔弋山水，入则谈说属文，未尝有处世意也。"

支遁对老庄情有独钟，《咏怀诗》云："总角敦大道，弱冠弄双玄。""双玄"即《老子》《庄子》。在他的诗文中，触目皆是此类典故。《世说新语》记载支遁的条目更多。

支遁与许询志同道合，惺惺相惜。相传支遁来到山阴，讲说《维摩经》。支遁做主讲的法师，许询做唱经的都讲。支遁每阐明一义理，四座无不心悦诚服，都认为许询再提不出驳难；许询每设一驳难，众人都以为支遁无法阐明。如此一来一往，二人难分上下。听讲的人只顾赞叹二人的连珠妙语，却顾不上辨别义理何在。

对统治者的橄榄枝不接，而仙人石、仙人洞、《维摩经》不能不伴。游心物外，悠然忘我，一如“脚着谢公屐，身登青云梯；半壁见海日，空中闻天鸡”了。

山阴与萧山分合有度。临浦镇上有条“山阴街”，俗称“山阴不管、会稽不受”。据此而论，萧山南部半山区在历史上曾属山阴或会稽。

临安也有许询的造访记录。西径山有座石牌楼，雕有梅、兰、竹、菊等图案，宰相谢安曾隐居于此，许询偕王羲之、支遁等尝来此乐山戏水，吟诗咏文。东晋谢安“淝水之战”载史册，由此引发了“东山再起”的典故和李白“安石在东山，无心济天下。一起振横流，功成复潇洒”的吟咏。

萧山有许询的几处住宅，他“与支遁辈为方外交，讲经接席，风流千古”。仙岩之上，百药山间，王羲之、孙绰，甚至谢安等，都是常客。“穹屏叠嶂，壁立千仞，境趣奇矣”，仁者、智者，在这仙境仙源流连忘返！

临安东山宝葫芦状的环翠湖清亮碧透，似山乡少女不染俗世尘埃的明眸；楼塔一泻数十里的山溪，就像仙姑散落在人间的裙带。

山水常有，而仙岩、仙境与仙人不常有。

“嗟夫！寺之重兴，岂特一土木之功哉！将见秀毓僧英弘扬教观，以续遗响，以寿吾佛之慧命，而不负舍宅者之初心。则区区之所愿也。”元至顺二年(1331)，“智鉴慈忍大师释道澄述并书”的《绍兴路萧山县咸通重兴之院记》，铭刻着一代乃至数代僧人的执着与苦吟。“筚路蓝缕，以启山林”，重申许询“舍宅为寺”的初心。

令人扼腕痛惜的是，重兴院毁于咸丰辛酉兵燹，礼佛石碑落入“长毛”之手。

“圣人无常心，以百姓心为心。”老子的《道德经》阐述了朴素的“民为贵、君为轻”理念。其实，仙源长盛不衰，就是坚守住了“初心”，坚守住了把民生放在首位的理念。

山道指点旧痕迹沧海桑田，翼亭笑谈古今事物换星移。

“仙岩、仙境与仙源”，生生不息。鹤发童颜的老人救村民于干旱灼热，佳山坞过“半年节”景仰；“神仙太公”楼英悬壶济世，上医君下治民，“细十番”颂扬；先祖楼晋肇始，繁衍成了有两万余人的最大楼姓聚集地，宜居。

许询是幸运的，比谢灵运要幸运得多。面对昏庸腐朽的司马氏统治集团，既不能达济天下，则独善其身。不为鹰犬，也不为奴才，无非分之想，做个自由人。许贤及浦阳许家等村寨，都尊崇其为肇始一方仙境的始祖；凡驻足仙岩之下的后人，都对其仰望而顶礼膜拜；来自全国各地的美术书画爱好者，汇聚仙岩，泼墨山水，描绘今日之仙境。

“高栖不受鹤书招，北干家园久寂寥。明月空怀人姓许，故山犹自岫名萧。”宋朝诗人徐天祐《许询园》一诗，来裕恂将其作为许传的结尾。

仙人之血脉与仙源之延续，与山水共存。

许询与楼塔的山水情缘

俞华波

山不在高,有仙则名;水不在深,有龙则灵。

在萧山最南端的楼塔镇有一个美丽的小山村叫岩上村,村口一座怪石嶙峋的岩石山如雄狮盘踞,海拔仅280米,却有一个响亮的名字——仙岩山。山下有一怪石,形如倒置旋螺,叫仙人石。石根处原有一汪清澈水潭,深不见底,名曰仙人潭。因仙人石又状如龙尾,故当地村民又称仙人潭为龙尾巴潭。

山水皆以仙名,却都与东晋名士许询有关。许询,字玄度,皇帝征诏,却不愿为官,一路逃到此地隐居,在仙人潭中垂钓,在百药山上采药,渔弋山水,修道炼丹,仙风道骨,怡然自乐,后不知所踪,当地村民皆谓其羽化成仙。

仙岩山的由来

在东晋时,许询非常有名,他的朋友圈中也都是当时的能人、牛人,如谢安、孙绰、支道林,甚至晋简文帝司马昱在担任会稽王时,也尊其为座上宾。许询与王羲之关系最好,因此也是兰亭雅集,曲水流觞的41人之一。

许询在正史没有单独的传记,其事迹散见于《晋书》孙绰、谢安、王羲之等人的传记及《世说新语》之中。《晋书》由唐朝的房玄龄主编,贞观盛世,野无遗贤,推崇有才之士皆为朝廷所用,出仕效国，所以许询在其中无传也是可以理解的。而同为高阳许氏后裔的唐朝学者许嵩，在《建康实录》中为许询列传，较系统翔实可信。

询字玄度，高阳人。父归，以琅琊太守随中宗过江，迁会稽内史，因家于山阴。询幼冲灵，好泉石，清风朗月，举酒咏怀。中宗闻而征为议郎，辞不受职。遂托迹，居永兴。肃宗连征司徒掾，不就。乃策杖披裘，隐于永兴西山。凭树构堂，萧然自致。至今此地，名为萧山。遂舍永兴、山阴二宅为寺。家财珍异，悉皆是给。既成，启奏。孝宗诏曰："山阴旧宅，为祇洹寺。永兴新居，为崇化寺。"询乃于崇化寺造四层塔，物产既整，犹欠露盘相轮，一朝风雨，相轮等自备，时所访问，乃是剡县飞来。既而移皋屯之岩，常与沙门支遁及谢安石、王羲之等同游往来。至今皋屯呼为许玄度岩也。

此篇记载中，前后因果或有倒置，但从中可看出许询一路迁徙最后隐居楼塔仙岩的脉络。因为父亲随晋元帝司马睿南渡，担任会稽内史，所以第一次安家会稽山阴，与《晋书》孙绰传"少与高阳许询俱有高尚之志。居于会稽，游放山水"之记录相合。

晋元帝要征他为议郎，是个不小的五品官了，但他不喜当官，就逃到萧山(古称永兴)，住于西山之下，又因其曾留下过"萧条北干园"的诗句，所以也有说其曾筑室北干山之阳。

晋明帝司马绍即位后，又征他去当官，这次给他的官职是司徒掾，即直接服务于司徒的属官。司徒在东晋位列三公，相当于丞相之职。《晋书》王羲之传："王羲之字逸少，司徒导之从子也。”可知此时的司徒是辅佐东晋建国的大功臣王导，当时号称“王与马，共天下”，权势熏天。王导征辟许询为自己的办公厅主任、秘书长，一方面看中其确有辅佐之才能；另一方面，有王羲之的关系在里面，也是把许询当作可以放心的自己人。可想而知，许询只要答应，即可一步登天，直达当朝权力中心。但许询志不在当官，就好修道炼丹、品泉问石这一口，而且是连征不就，这就有点挑战朝廷权威了，所以他把两处住宅都捐献给了寺庙，自己呢，策杖披裘，一副驴友行头，一路南行，躲进了楼塔百药山上的仙人洞里。

看他散尽家财，去意坚决，朝廷也就没办法了。之后即位的晋穆帝司马聃念其高义，下旨将他在山阴的旧宅和萧山的新居所捐赠的寺庙分别赐名为祇洹寺和崇化寺，后来崇化寺历经兴替，于宋朝时又改名为祇园寺，并一直延用至今。

为什么说许询隐居到了百药山一带呢？我们先来看下仙岩楼塔的历史。楼塔古称长山乡，是萧山最早的建制乡之一。民国《萧山县志稿》载：“长山乡在县西南隅（旧长山乡，包大同、河上二乡），以长山而得名。长山横亘三都，一名大山。其南之最高者名镜台山，一名白石山，又名笔架山。岩曰元度岩，晋征士高阳许询幽居之所也。洞曰仙人洞，岩洞出云，草木皆香，可以疗疾，又曰百药山。”自明嘉靖《萧山县志》以来，此条记录基本未改。

萧山在唐《十道图》中已有乡、里记载，乡名里数，因其书已佚，今无考。唐末五代初，萧山设 20 个乡。宋太平兴国三年（978），萧山县有 15 乡、110 里，有名称记载的有 94 里，其中长山乡辖凤凰、许贤、高屯、安神、高坞 5 里。“元度岩”即“玄度岩”，清代因避康熙玄烨名讳，故以元代玄。“高”与“皋”通，高屯即皋屯。这与《建康实录》“既而移皋屯之岩，常与沙门支遁及谢安石、王羲之往来。至今皋屯呼为许玄度岩也”的记录得到了相互印证。

许询隐居下来之后，就常常在百药山采药，修道炼丹；并不时到龙潭垂钓，怡然自得；给村民问诊把脉，免费治病，一住十许年，深受当地村民之爱戴。许询最后的归宿有各种传说，有说其后来去了剡县金庭，找王羲之为邻。但当地村民却一致相信这位道长已经得道升天，羽化成仙，因而将其遗迹均冠之以仙名，仙岩山由此而得名。

重兴寺的兴衰

“既而移皋屯之岩，常与沙门支遁及谢安石、王羲之往来。至今皋屯呼为许玄度岩也。”北宋《太平御览》引用《晋书》也有类似记录，而且专门注明“同游往来”，说明王羲之、谢安石、支遁都来过楼塔仙岩，而且如走亲戚般不止一次，常来常往。

书圣王羲之大家都比较熟悉，就不介绍了，这谢安石就是“东山再起”的谢安了。《晋书》谢安传：“谢安，字安石，尚从弟也。父裒，太常卿。”“初辟司徒府，除佐著作郎，并以疾辞。寓居会稽，与王羲之及高阳许询、桑门支遁游处，出则渔弋山水，入则言咏属文，无处世意。”说明这位老兄确实和许询一个德性，不喜当官，后看到权臣当道，朝廷岌岌可危，才“东山再起”，入朝为官，历任征西大将军司马、吴兴太守、侍中、吏部尚书、中护军等职。挫败了桓温篡位的阴谋，打赢了“淝水之战”，为东晋赢得了几十年的安静和平。

沙门支遁，即东晋有名的高僧支道林，既是佛学家，也是文学家。是当时般若学“六家七宗”中即色宗的代表人物。许询数度舍宅为寺，均是受了他的影响。其中在仙岩的重兴寺，就是许询在此隐居的旧宅改建。

南宋《嘉泰会稽志》："重兴院在县西九十里，本晋许征君岩下寺，会昌废，咸通十四年重建改赐今额。"明嘉靖《萧山县志》："曰重兴寺，在镜台山下，晋许询建，名岩下寺。唐会昌间毁，咸通十四年重建，改今额。"

《世说新语·栖逸》记载："许玄度隐在永兴南幽穴中，每致四方诸侯之遗。或谓许曰：'尝闻箕山人似不尔耳。'许曰：'筐篚苞苴，故当轻于天下之宝耳！'"许询起初隐居永兴县南幽深的岩洞中，即百药山上的仙人洞，他的一些贵族朋友，都知道他已舍尽家财，生活艰辛，就以各种名义来看望他，给他赠送食品及生活用品，对于这些馈赠，许询毫不客气，一概接受。一方面山上条件确实艰苦，另一方面也是朋友交情深厚，无须礼让。

当然也有人说闲话："你自称高士，假如是当年在箕山隐居的许由，是不会这样做的。"远古时期，许由很有才德，尧帝想把王位禅让给他，他坚辞不受，就钻进箕山躲了起来。所以许询回答说："我得到的礼物不过是一些竹筐装着的食物，这本来就比君位微薄呀。"可以想见当时四方诸侯纷至沓来，仙岩山一带是非常热闹的。其中跟许询关系最亲密的，也是离得最近，可以称得上真正的诸侯的，无非是后来的简文帝，当时的会稽王司马昱。

《世说新语·文学》记载了这样一个故事：许玄度去谒见还在做会稽王的简文帝，那一夜风静月明，两人就一起到密室中清谈。那一天许询发挥清谈特长，高谈阔论，直抒胸臆，言辞清新婉约，水平超过了以往。简文帝一向和他情趣相投，这次会面更加赏识他。言谈中两人不知不觉愈靠愈近，一直谈到天都快亮了。事后简文帝说:“像玄度这样的才华,确实是不易多得啊!”还在不同场合称赞:“玄度五言诗,可谓妙绝时人。”《世说新语·言语》载:“支道林、许掾诸人共在会稽王斋头,支为法师,许为都讲。……”[①]从这些记载中,可以看出简文帝是许询的铁杆粉丝,关系非同一般,而且当时永兴本属会稽郡,是会稽王管辖之属地,由此推断,简文帝亲赴仙岩隐居之所去看望许询,是非常可能的。

随着朝廷征辟风声的过去,朋友就资助他在镜台峰下、半坡之阳建了一个住所。这些对司马昱等王侯来说,简直是小菜一碟,这处住所也就是重兴寺的前身了。

记载重兴寺兴衰的,还有一篇很重要的文献——《绍兴路萧山县咸通重兴之院记》碑文,收录在民国《萧山县志稿》中:“咸通重兴之院者,许征君故宅。征君讳询,字玄度,会稽太守旻之子。夙探圣道,徇法休名,改其故宅为兰若焉。唐咸通十四年,赐额曰‘重兴’,意其中废而复兴也……”

此碑出自元至顺二年(1331)寿昌正观律寺住持释道澄之手,虽有多处引用谬误[②],但不失为重要史料。

重兴寺原称岩下寺[③],唐会昌年间(841—846),因佛教与地

---

① 许掾即许询,应受征辟司徒掾而得名,与许征君同理;都讲好比现在的校长,也有点像辩论会的主持者,所以也有称许询为许都讲的。

② 许询的父亲名皈,通“归”,史料有贩、畋、助、旻等版本,引用时均因为字形相近,以讹传讹,包括其中引用王勃诗句,也有错误之处,后面再做说明。

③ 楼塔境内,因仙岩山而得名的有三个自然村:位于仙岩山西南、大溪上游的称岩上村;仙岩山东北、大溪下游的叫岩下村;在仙岩山岩坞峡谷口,如守山之门户的为岩门村。现岩下村与岩门村合并为岩山村。寺在岩下自然村境内,或因此得名。

主阶级的利益斗争愈演愈烈,武宗李炎开展了轰轰烈烈的灭佛运动,岩下寺也难逃厄运,损毁严重。唐懿宗李漼即位后非常尊崇佛教,并于咸通十四年(873)达到顶峰。他不仅以隆重仪式在法门寺举行迎佛骨仪式,还下旨在全国遍修寺院,广造浮屠。岩下寺也因之得以官修重建,并由皇帝改赐名为重兴寺,“灵悟禅师开山,妙通律师结界”。可谓相当隆重,重兴寺迎来了最兴盛繁华的时期。

碑载:“大佛殿,光禄徐公所建;三圣像,东越招讨司楼公所造,四大部经、梦庵记并所置也。”这里提到的光禄徐公及东越招讨使楼公,就是徐家店徐姓的始祖徐鸿及楼家塔楼姓的始祖楼晋。

唐朝末年,军阀割据,战乱纷争,黄巢起义军声势浩大。当时绍兴、萧山、诸暨等,均为曾投靠黄巢起义军的朝廷军阀叛将刘汉宏的势力范围,与以董昌及钱镠为首的割据势力划钱塘江对峙。

在楼塔境内,刘汉宏分别在黄岭(即今大黄岭,为富阳至萧山的交通古道)、岩下(现岩山村一带,富阳至萧山另一要隘)及贞女(现大同一村一带,为诸暨至萧山的交通古道)三个交通要隘设立军镇,并以重兵把守。唐中和三年(883)三月,钱镠亲自率军渡富春江,攻破黄岭要隘,生擒岩下、贞女两镇将,赢得了歼灭刘汉宏的决定性一仗,也为钱镠最终成为吴越王,打下了坚实的军事基础。

钱镠部队胜利后,在仙岩山岩坞口召开隆重庆祝大会,旌旗招展,插遍山岗,此地至今名叫旗会岗。当时徐鸿和楼晋均为钱镠手下得力部将,在此次战役中立下赫赫战功。考虑到此三镇的重要性,钱镠任命徐鸿为镇遏使,楼晋为镇遏副使,镇守黄岭、岩下、贞女三镇。后徐鸿于徐家店、楼晋于楼塔肇基发族，延脉子孙，坚守军镇，世袭罔替。徐家店徐氏尊徐鸿为始祖，自称“长山徐氏”；楼塔楼氏尊楼晋为始祖，自称“仙岩楼氏”。可见徐鸿和楼晋作为当时楼塔(时名为长山)的最高长官，对许询在此隐居、修仙炼丹的故事是有深入了解的。

虽然晚唐军阀纷争，朝廷岌岌可危，但钱镠一直尊崇李唐，徐鸿与楼晋名义上仍是唐僖宗李儇任命的唐朝将领。重兴寺在10余年前由前任皇帝李漼赐额重建，自然受到了徐、楼两位的高度重视，他们对重兴寺进行了一定规模的扩建，捐建了大佛殿、三圣像等殿堂佛像，还捐赠了“四大部经”等佛法典籍，使得“山门法堂，钟楼藏殿，光明、观音二大宝阁，廊庑庖湢，众屋悉完。象设端严，天龙森列”，可见盛极一时。

唐朝灭亡后，在“城头变幻大王旗”的五代十国，钱镠统治的吴越王朝却相对稳定，直至978年，吴越国向赵匡胤纳土称臣。徐、楼两家历时四代，世袭镇守三镇，其子孙始终遵从祖训，对重兴寺维护有加。

北宋年间，随着两家失势，家道中落，重兴寺又显衰败。徐鸿的第五代孙徐德荣站了出来，捐献巨资，多方募集，对寺庙进行了重修，还专门辟出了一个殿堂，用于供奉“太公太婆”，即始祖徐鸿夫妇，把寺庙和徐氏家庙合为一体，到重兴寺祭祖也成为徐姓子孙的传统。重兴寺及周围梯田山地也成了徐家的私产，产出用于供养寺庙度用，保障寺庙发展的可持续。

碑载：“迄今屋凋人谢，涧惭林愧，所不改者，独溪山而已。”说明到了元朝，重兴寺又荒废了，“余受经兹山，出住寿昌，每一回首，未尝不慨然兴感”。释道澄是在重兴寺出家，并接受佛法启蒙的，所以对重兴寺很有感情，于是“首出囊金，率众兴葺”，开展了重修工作，并创立“灵山法会”，把每年正月初一至初七定为观音忏悔法期，“弘扬教观，以续遗响，以寿吾佛之慧命，而不负舍宅者之初心”。释道澄也因之得了心愿。

民国《萧山县志稿》载：“清咸丰间毁，同治间里人建复其半。”虽仅十余字，却又揭开了一段血雨腥风的岁月。

咸丰元年到同治三年(1851－1864)，正是太平天国运动时期，重兴寺再遭灭顶之灾，直到太平天国运动结束，才由“里人建复其半”。这些“里人”其实就是以徐姓为主的仙岩山附近村民。佛殿寺院与祖宗家庙合而为一的特殊形式，使得徐氏后人为寺庙的重兴而努力，但因财资所限，只能恢复一半。“文革”期间，佛像被毁，墙倾宫摧，至20世纪90年代地面建筑倾毁殆尽。遗址内尚余古井一口，水质清澈，不涸不溢，冷眼旁观世态变迁。

自许询舍宅建寺后的1650余年间，盛世则兴，乱世则圮，重兴寺历经劫难，数度重建，见证了历史沧桑、人间衰荣。东晋期间，佛教传入中国不久，佛道融会，许询虽尚黄老之道，但受支遁影响，却有一颗佛心，可谓佛教文化传播的先驱。他在萧山舍宅为寺的祇园寺和重兴寺，是佛教传入萧山甚或是浙江的基础，其历史地位不容置疑。如今太平盛世，笔者坚信，重建重兴寺院，恢复历史遗迹，弘扬人文精神，传承中华文化，已为时不远。

许玄度的粉丝

儿时的记忆中，作为永兴河源头的仙岩溪，沿着仙岩山脚蜿蜒而过，形成一个S形。仙岩山与百药山余脉在村口合围，仅余一小口，一座木桥是进村的唯一通道，可谓一夫当关，万夫莫开。整个地形与《晋书》所载许询等人“栖心绝谷”非常相符，堪称世外桃源。溪滨突兀而立的仙人石和清澈幽深的仙人潭，犹如一个天然的山水盆景，这对于“好泉石”的许询来说，自然是欢喜不已。仙人石边上还有两棵参天挺立的千年古香枫树，五六个大人才能合围，或是许询手植也未可知。这些遗迹也成为历代粉丝怀念许询的重要标志和精神寄托。20 世纪 70 年代后期，溪流改道，古枫遭伐，深潭被填，旖旎景致尽毁，令人十分痛心。欣闻近年美丽乡村建设，村里已规划尽量恢复部分景致，再现泉石美景，已为时不远。

《续晋阳秋》称许询“总角秀惠，众称神童”。《晋书》中多处提及许询有“高尚之志”“迈世之风”“文义冠世”。《晋中兴书》载“询有才藻，善属文，时人皆钦爱之”“能清言，于是士人皆钦慕仰爱之”。说明在东晋时，许询就像现代的明星一样，走到哪里都有粉丝。除了简文帝，他还有一个铁杆粉丝就是丹阳尹刘惔刘真长，即当时京城的地方长官。《世说新语》记载，许玄度为送他母亲，初到京都来，有人问丹阳尹刘真长：“玄度究竟和传闻相称不相称？”刘真长说：“他的才华超过了传闻。”刘惔很愿意和许询在一起谈论，故趁许询在京城停留的时候，每日前去，并自叹说：“如果您再停留不离去，我便成了一位举止轻薄的京尹了。”这还不够，刘真长还邀请许询到他府上居住，“床帷新丽，饮食丰甘”，以最高礼遇招待贵宾。在许询离去后，又“清风朗月，辄思玄度”。他把许询比作清风朗月般品格的人物，每每在这种好天气，就会想起许询的品格与风采。

在浪漫的唐诗时代，许询的粉丝团达到了一个新的高峰，像李白、杜甫、李商隐、骆宾王、刘长卿、杨巨源、韦应物、皮日休、贯休等，均有优美的诗篇来表达对许询的敬仰之情。全唐诗中收录有描写许询的诗篇多达数十首，其中不得不提三位许询的铁杆粉丝，他们对许询清风朗月的品格崇敬有加，更是深入到仙岩山下、玄度岩旁，瞻仰凭吊仙人遗迹。

唐高宗上元二年(675)的秋天，号称初唐四杰之首，年仅26岁的王勃，因《斗鸡檄》及私杀官奴之罪，两度被贬，又连累父亲贬为交趾(今越南)县令。王勃仕途无望，心灰意冷，在南下交趾看望父亲途中，来到了萧山(时称永兴，隶属越州)，在闻堰义桥一带三江口，认识了一个山东济南(齐州)的朋友，二人成为莫逆之交，相携同游越中山水。王勃在李县令家中饮酒时，还写下了《越州永兴李明府宅送萧三还齐州序》一文，载于《全唐文》中："许玄度之清风朗月，时慰相思；王逸少之修竹茂林，屡陪欢宴。"两人不仅游了王羲之的兰亭，还专程来到仙岩山下追慕许询风采，王勃即兴赋诗一首："崔嵬怪石立溪滨，曾隐征君下钓纶。东有祠堂西有寺，清风岩下百花春。"后人刻诗于石上。诗中"征君"即指许询；"崔嵬怪石"即玄度岩，又称仙人石；寺即重兴寺；仙岩山的悬崖峭壁，王勃名之为清风岩，就是运用了"清风朗月，辄思玄度"的典故，像萧山城区祇园寺所在地称清风坊，也是由此而来。明万历《萧山县志》记载："水涸石露，乃见其迹。"然仙人潭深不见底，时刻盈盈满满，村民为温饱奔波，无发掘保护文物的意识，所以不曾有人见过石上刻诗。仙人潭被填后，更无从考证。

自明朝以来，各类史料中均载有王勃此诗，但却有多种版本。一是将"崔嵬"两字作"巍巍"或"崔巍"的。崔嵬，有高耸、怪异之意，形容怪石较为贴切，也有形容显赫盛名的，如"智永与怀素，其名久崔嵬"。全唐诗中描写高耸的山峰甚至亭台楼阁、人物形象，"崔嵬"一词用得非常频繁，如李白在著名诗篇《蜀道难》当中，就有"剑阁峥嵘而崔嵬"句，在描写司马将军时有"紫髯若戟冠崔嵬"句；张九龄有"香阁起崔嵬"句；王勃在另一首《临高台》诗中就有“瑶轩绮构何崔嵬”之句。相比而言,“巍巍”便显得平淡无奇,显不出王勃的天才水平。而“崔巍”独指高峻的山峰,形容十余丈高的岩石显然不合适,当为形近而误。二是将“溪滨”误作“溪心”,显然与现实不符。三是把“曾隐”误作“会隐”。繁体“會”与“曾”形同,又是字形相近致误的典型。古时书籍印刷水平有限,字眼模糊,加上年代久远,字迹缺失,甚至很多典籍靠手抄流传,字形相近之字很容易混淆,即宋周麟之《谢除正字》所谓“亥豕马焉、鲁鱼帝虎”之误,许询父亲名字出现如此之多版本,便是明证。家乡楼塔开展美丽乡村建设,重视挖掘人文典故、传统文化,但引用王勃这首诗时,罕有用对正确版本的,所以在此多赘述几句。民国《萧山县志稿》中,此诗出现了三处,就有三个不同版本,唯《山川篇》引用自万历县志,相袭未变,可定为正版。1987 年版的《萧山县志》,引用的版本来自清光绪萧山学者鲁燮光(曾任山西和顺县令)的《固陵杂录》,不如明万历县志所载版本更为久远而严谨。

王勃前脚刚走,孟浩然就来了。孟浩然 40 岁赴京举进士不中,因“不才明主弃”之诗句触怒了唐玄宗,被判终身不仕,后漫游吴越,穷极山水之胜,成就了一代山水田园派诗宗,与王维并称“王孟”。史料记载,孟浩然于唐开元十七年(729)离开洛阳,前往吴越,寻访隐士文化。在其《自洛之越》诗中,既表达了功名无成、怀才不遇的愤懑,又抒发了他唾弃权贵、向往隐逸的情怀。第二年,孟浩然来到萧山义桥的渔浦渡,留诗《早发渔浦渡》一首,之后逆浦阳江而上,来到镜台峰下,访仙人洞,观玄度岩、仙人潭,夜宿重兴寺僧人房内。重兴寺面东南而座,只见嵯峨仙岩山与崔嵬仙人石在如帛溪水环绕、碧玉深潭点缀之下,一如画卷扑面而来,孟浩然慨然写下《宿立公房》诗一首:“支遁初求道,深公笑买山。何如石岩趣，自入户庭间。苔涧春泉满，萝轩夜月闲。能令许玄度，吟卧不知还。”想当年支遁支道林要买山隐居，还受到了深公竺道潜高僧的嘲笑，怎比得上许询选择的隐居之所，奇岩怪石、灵泉秀水，一览无余。每天过着这种“苔涧春泉满，萝轩夜月闲”的日子，许询许玄度怎么能不“吟卧不知还”呢？

与李商隐齐名，并称“温李”的晚唐诗人温庭筠，写过一首《题萧山庙》：“故道木阴浓，荒祠山影东。杉松一庭雨，幡盖满堂风。客奠晓莎湿，马嘶秋庙空。夜深池上歇，龙入古潭中。”此诗载于《御定全唐诗录》。典籍记载是题于萧山祇园寺的，但从诗中描绘的景象来看，其实更符合重兴寺的环境。所谓性格决定命运，温庭筠才思敏捷，手八叉而成八韵，号称“温八叉”，比之曹植“七步诗”也不遑多让，并善于填词，成为“花间派”的鼻祖。但他性格放荡不羁，恃才傲物，得罪了宰相令狐绹；充当枪手，扰乱科举考场，所以数度求仕，仅被短暂任为小吏，一生坎坷，终身潦倒。温庭筠何时来萧山，很难考证，他有个姐姐嫁在吴兴(今浙江湖州)，又有两段时间客居淮南，来浙江次数应该不少。温庭筠父亲早亡，早年被父亲生前好友段文昌接到身边。唐宝历二年(826)，段文昌出任淮南节度使，温庭筠14岁，与段文昌儿子段成式结伴共读，一待就是4年。此阶段，温庭筠来萧山题诗的可能性不大，风华年少之时，也不可能有此苍凉意境。咸通三年(862)，他仕途失意，加上红颜知己鱼玄机被处死的刺激，再次回到淮南之时，已是50岁的小老头了，此时其多首作品中出现了严光、严陵濑等字眼，说明其非常向往严子陵般的隐逸生活。在《赠越僧岳云二首》中有“兰亭旧都讲，今日意如何”句，说明他对许询许都讲也是敬慕有加，这些都成了促其寻幽探隐、凭吊先贤的动力。温庭筠遗留的诗迹，从湖州至杭州、萧山、绍兴、到天台，说明他也未能免俗，走了唐诗之路。回过头来分析，判断《题萧山庙》一诗写的是重兴寺，理由有四。一是从“荒祠”两字中，可以判断温庭筠可能于咸通初年抵达萧山。因为刚刚经历了二三年前的会昌灭佛，十庙九荒，无论是萧山的祇园寺(时为崇化寺)，还是仙岩的重兴寺(时为岩下寺)，都遭到了毁灭。相对而言，位于深山，交通不便的岩下寺可能会稍被保全，而位于闹市附近的崇化寺则会损毁得更彻底一些，以示地方官员执行皇帝命令的坚决性。二是从“马嘶秋庙空”一句，与温庭筠《相和歌辞·堂堂》一诗中“淮南游客马连嘶”描述相吻合。温庭筠喜欢骑马出行，他的作品中常常出现马嘶、马鸣、扬鞭等词，仙岩去县城九十里许，交通不便，但以马出行，就不是事了。三是“夜深池上歇”一句，说明该寺地处偏僻，即使有马，一天来回也比较困难，假如是在县城的崇化寺，何必宿于荒野。四是“龙入古潭中”一句，分明说的是仙人石边的仙人潭，当地村民一直称其为龙潭，却未曾听说祇园寺有古潭。岩下寺在唐咸通十四年(873)即进行重修，重兴寺这个匾额是由当时的懿宗皇帝李漼所赐，何其隆重，或许与温庭筠到访后的呼吁有关也未可知。温庭筠虽然潦倒，但朝廷中的朋友还是不少的。据民国《萧山县志稿》载：崇化寺直到宋建隆元年(960)才进行重建，宋治平三年(1066)，由宋英宗赵曙敕赐为祇园寺。唐朝萧山县尉丘丹，《全唐诗》中载有其《萧山祇园寺》一诗。丘丹为弘大县治祇园寺之盛名，将温庭筠《题萧山庙》一诗加于祇园寺头上，也就不难理解了。

王勃、孟浩然、温庭筠克服重重困难，不辞辛劳来到远离繁华闹市的仙岩山，瞻仰遗迹，凭吊先贤，综合分析他们的内心动机，均有一个共同特点：他们都是才华横溢、恃才傲物之辈，在历经坎坷而仕途无望之际，才感觉到许询看淡名利、辞荣不仕的决心是何等的不简单，同时也对其纵情山水、闲云野鹤的隐逸生活产生了无限向往，所以比之其他诗人，他们有更坚强的决心和更迫切的愿望，深入许询曾经隐居的生活之地，瞻仰先贤遗迹而寄托受伤的心灵，碰撞先贤灵魂而释怀失意的痛苦。之后王勃去了南昌，写下了千古名篇《滕王阁序》，迸发出“落霞与孤鹜齐飞，秋水共长天一色”的千古名句。孟浩然纵情山水，寻隐探幽，成就山水田园派一代宗师。温庭筠放浪形骸，混迹风月，潜心填词，成就“花间词派”鼻祖，或许就是从这一刻的释怀而引发的！

乡儒们的追慕

萧山人杰地灵，英才辈出。历代以来，土生土长的萧山乡贤大儒对许询的高尚品格也非常推崇，纷纷来到楼塔仙岩探访凭吊，不吝溢美之词。甚至有乡贤高士隐居不仕，对许询追慕效仿。

明嘉靖《萧山县志》收录了朱时中的一首诗：“松筠深护此层巅，仙化征君已有年。千嶂白云烧药处，一溪流水种桃边。洞秋云去雨雷静，坛夜鹤归星斗悬。却笑浮生羁宦海，就中难结坎离缘。”朱时中，不知何许人也，《嘉靖县志》也仅载邑人朱时中，说明他是元朝时期的萧山本地人，从“却笑浮生羁宦海”可以看出，他是个当官的。朱时中非常向往许询这种闲云野鹤、修道炼丹的神仙生活，于是爬上了百药山巅，在松竹守护、白云环绕的洞窟仙府感受仙人烧药炼丹的场景；又来到仙人石旁，在桃林夹岸、碧水长流的溪畔潭边体会仙人静心垂钓的心情，感慨由于种种羁绊不能如愿追随而去的惆怅之情。

元朝至正年间，萧山县教谕赵子渐，写了一篇《萧山赋》，是志书记载的最早的吟咏萧山的赋文，其中写道："谷雨采茗山之芽，端阳凿仙岩之药。"说明元朝时仙岩山一带的草药就非常有名，此处他没用百药山而写仙岩之药，其实就点明了与许询的关系。之后又有"许寺著元度之居""重兴镇征君之宅" 两句①，指出许询在萧山舍宅建寺的两处遗迹，一为位于市区的祇园寺，二为位于楼塔的重兴寺。说明赵子渐应该是经过实地勘察，对许询在萧山的典故是非常清楚的，也表明他对许询的敬仰之情。值得一提的是，他在《萧山赋》中还提到了楼塔的两种特产："春波漾湘水之莼，佳山拆如拳之栗。"即指大同一村的佳山坞，当时盛产栗子，栗子如拳头一样大，可与湘湖莼菜等特产并列；"给长山之薪炭，利小江之舟楫。"原来当时楼塔还是木炭的主要产区。据康熙《萧山县志》载："赵子渐，金华人，从游许白云先生，辟萧山教谕。每以纲常大义训迪后进，远近闻风而至者，皆师事之焉。"教谕，相当于现在的宣传部长兼教育局长，应该说赵子渐当的很称职。到了清初，有个叫郭伦的乡儒，也写了一篇《萧山赋》，载于《民国县志稿·艺文》，其中有"文笔环季真之宅，仙岩投元度之簪"，并有注释："许询，字元度，隐于岩上仙岩。"季真是贺知章的字，传说他的故宅在县南郊文笔峰附近，郭伦把许询与贺知章并列放置，从一定意义上也代表了萧山本邑的文人乡儒对许询品格与地位的推崇。

毛奇龄是萧山本邑最著名的学者之一，字大可，原名甡，康熙时当过翰林院检讨，参与了《明史》的纂修。这位牛人是个全

---

① 前文已有交代，元度即玄度，清代避康熙玄烨名讳，故以元代玄。清代之前称元的，当是康熙之后重刊所改，清代之后仍用元的，应是延续清的旧称。之后凡引述史料，尊重出处，元即是玄，不予更改，也不再解释。

才，经史子集、诗词歌赋、琴棋书画无一不精，都自成一家。时人称其“著述之富，甲于近代”。仅其所著的《西河合集》就有400余卷，毛奇龄另有《萧山县志刊误》3卷，常被乾隆及之后的萧山县志考证引用。毛奇龄号“西河先生”，是因为他居住在萧山城厢镇西河沿（今西河被填，仅余西河路）而名，与著名的祇园寺为邻，所以对该寺非常熟悉。他在“重修祇园寺募序”中，作为一个严谨的史学家，因其未曾见到过《建康实录》的记载，虽对祇园寺为许询舍宅建寺的考证有所存疑，但仍然赞其“周环若干亩，宝坊嵬然”，实为“江南第一山”，并为募款重修而奔走呼号。毛奇龄由明入清，清初参与过抗清复明的军事斗争，《西河文集》载：“明亡，清兵南下，与沈禹锡、蔡仲光、包秉德（并称‘永兴四友’）避兵于县之南乡深山，筑土室读书。”也许他就隐居在楼塔仙岩山一带，有诗为证：《浦阳江南五十里仙人岩与百药山相对峙，毛甡登陟之，慨然成咏》，题目有点长，诗也很长，共36句300余字，可见他是由水路逆浦阳江而上，再由陆路来到楼塔仙岩一带的。诗中开篇讲道：“十三始登山，见山如见鬼。十五见山久，踏之似牛冢。仙人之岩对百药，骤见犹然起惊愕。魌头防足何处来，顿使岩前倒行脚。”从诗中看出，他至少在此逗留了三天，然而从诗词的表现手法来说，十三、十五的表述，有时因对仗需要，并不指确定天数，而有多日之意。为躲避清兵追杀，在秋天的一个黑风骤雨的晚上，连夜逃到百药山脚，本来就疑神疑鬼，朦朦胧胧中突然见到怪石嶙峋的仙岩山和突兀而立的仙人石，就有了一种莫名的恐惧和惊诧，因而就有了“黑风骤雨骇秋夜”的感受。第二天大白天看清了真实的景色，了解了许询的美丽传说，诗人就展开了丰富的想象：“四围削琢作门闼，轰腾熇爚炉灶阔。攒空岞崿起万焰，烧出丹砂紫花片。”描绘出了仙人以泉石为家，烧药炼丹的场景。“在旁有石类驾鳌,前当巨石鳌将逃。修鳞入溪淹鳌足,昂首丝丝细喷玉。”还形象地把这个脱离山体、卓立溪滨的仙人石,比喻成一只欲逃离此地的巨鳌。鳌是龙之九子之首,也暗合了龙潭之意。“枫桥山人老莲子,曾画富春江山水。一日画得一幅成,当此一月不得似。”那个曾经以画富春山水为乐的陈洪绶[①]看到这里的美景,每天画一幅,一个月也不会有重样。“我今勉强攀天关,仙人作歌留树间。向前倚树和歌去,西呼茅狗声斑斑。”爬到百药山顶,就像天关触手可及了一样,仙人的歌声还在树间萦绕,我就在此神仙福地,倚棵大树,筑个土室,盖个茅顶,养只看家护院的土狗住下来吧。果然,他就追随许询,和三个好朋友一起在百药山隐居了下来,直至朝廷大赦天下才重新出山。

康熙年间,萧山出了位名儒叫蔡惟慧,康熙三十八年(1699)的贡生,终身不仕,筑书屋于城南,以教书育人为毕生事业,在当时富有名望。说起来他与毛奇龄也有关系,蔡惟慧作有《大敬公传》,开篇写道:“先生讳仲光,字大敬,原名士京,萧山人,慧族父也。”蔡仲光是毛奇龄的发小,算起来,蔡惟慧就是毛的子侄辈了。蔡惟慧在一个秋高气爽的晴天,登临百药山,与毛奇龄的逃难相比,自然是另一番感受,留《白石山赋》一篇,骈词绮丽、文采斐然、引经据典、追古慕贤,并深怀忧国忧民之情,现摘录如下,美文共赏:

序属新秋,木叶新脱。碧岚千丈,淡烟一抹。长天

---

① 诸暨枫桥人,号老莲,明末清初著名画家,毛奇龄曾为他作《陈老莲别传》。

忽高，晴波倏活。耳目顿爽，尘氛尽豁。白云片片飞远岫，而徘徊欲眠；红子离离映枝头，而琐碎可掇。尔乃萌登临之兴，陟白石之巅。林峦如刷，丘壑都妍。坛曾经练，洞亦号仙。萧萧兮磴横古木，淙淙兮滩响流泉。红藤联络，碧荔牵缠。清霄唳鹤数声，挟疏钟而俱远；曲涧幽花几瓣，媚丽日而争鲜。于是缅怀往躅，慨想元风。遡典午之硕望，为百代之师宗。兴公为之避席，安道不觉俯躬。逸少谢其标格，支遁逊其谈锋。片言扼要，四座推雄。而今则旧迹沉，遗址灭。故宫芜，颓垣缺。山鸟啼，冰溜咽。尘尾空吹柳絮风，隐囊夜落梅花雪。从而彷徨踯躅，俯仰从容。四顾苍凉，百感填胸。嗟芳徽之既邈，恨攀跻之无从。古碣留痕自绿，斜阳照影犹红。而是山复有笔架之目，镜台之名。斑管挥洒，青铜鉴形。或布乾坤之点画，或照大地之虚盈。秘奥尽泄，妍媸悉呈。此舆情之所快，而造化之握其衡者也。或言草木皆香，号称百药。疮痍遍地，和扁难作。触手回春，如脱束缚，斯则不能不望之医国之上医，为民命之所托。

此赋前三分之一主要描述初秋的白石山如画风景，美不胜收，使人"耳目顿爽，尘氛尽豁"。于是作者自然而然地缅怀起许询许玄度的风采。典午是司马的代称，时光倒流，回溯到司马天下的东晋时期，您就有崇高的名望，堪称百代的宗师，孙绰孙兴公一见您就会避席相迎，戴逵戴安道碰到您也要躬身行礼，羲之王逸少更以您为榜样，支遁支道林对您的清谈辩论水平也自愧弗如。您的只言片语，就令四座惊叹，尊您为首。应该说，蔡惟慧对许询是敬佩有加,推崇备至。王羲之和支道林前文已有介绍,孙绰孙兴公和谢安的经历差不多,起初也是隐居会稽山水,与许询等一起游放山水,不愿为官,后来出仕也参与了挫败桓温篡位阴谋的行动。他与许询并称一代文宗,并惺惺相惜。《世说新语》载有孙绰和许询的多则故事,如一天孙绰和许询一起在白楼亭上,共同品评历代贤达。旁听的支道林赞叹说:“两位确实有才华。”还有一次支道林问孙绰:“您和许询相比,谁更厉害?”孙绰说:“要论情趣高远,我早已对他心悦诚服;说到吟诗咏志,许询要稍逊我一筹。”

戴逵,字安道,是东晋著名雕塑家、画家、音乐家、哲学家,朝廷也是屡次征他为官,他坚辞不就,后隐居剡县,终生不仕。武陵王司马晞听说他擅长弹琴,就请他去王府弹琴,戴逵当着使者的面把琴摔碎了,并说:“戴安道不为王门伶人。”就是这么个心高气傲的主。在此赋的末尾,作者笔锋一转,点出了百药山的由来,但社会已到了“疮痍遍地”之地步,即使秦和与扁鹊两位名医再世,也救不过来啦,更何况百药乎。并期望有一位能医治国家的“上医”出现,“触手回春,如脱束缚”,代表人民行使治国理政的权力。这就有点高大上了,你想想,蔡惟慧所处的是历史上号称“康乾盛世”的康熙王朝,他却看到了封建统治的腐朽,敢于公开抨击,并提出了要挣脱制度的束缚,实现人民当家做主?!我想这也是他终身不仕,潜心教育事业的原因吧。我在为这位乡贤前辈感到自豪的同时,也想负责任地告诉他:“300 年后有个文学家叫鲁迅,也和您有一样的想法,350 年后您所期望的‘上医’出现了,您的愿望也实现了!”

清朝末年,萧山有个著名画家,叫任熊,字渭长,是任伯年的族叔暨老师。任渭长于咸丰丁巳年(1857)出版了一本《於越先贤像传赞》版画集，把古於越国辖区的历代先贤以画像的形式进行赞颂。嘉靖《萧山县志》地理志载："夏，少康封庶子无余于会稽，以奉禹祀，国号於越，（萧山）地在封内。"夏朝时，少康王封王妃所生的儿子无余到会稽，以专职祭祀大禹，国号为"於越"，这就是古於越国的由来了。画册不仅收录了范蠡、西施等古越国先贤，也罗列了王充、虞世南、贺知章等历代名人共八十位，东晋时许询的好朋友司马昱、谢安、王羲之、支道林、戴逵等更是一个没少。画册艺术构思巧妙，富有变化，笔法洗练，刀工娴熟，人物或坐或立，或繁或简，形态各异，形象生动，力求与主人公历史风度相吻合。如将王羲之刻画成一名美髯大耳、戴高冠着长袍的文士，手捧书卷立于亭边，寓意会稽之兰亭。但我觉得该书描绘的许询最为生动，只见整幅构图大胆留白，仅在下面三分之一处着墨，以简笔构画出山势，再缀以松栎乔木数棵，点出竹林一片，一间茅屋依山而建，凭林而筑，东窗半开，现一高冠文士，手捧书卷，摇头晃脑的闲适之态跃然纸上。这不正是许询隐居楼塔仙岩的生动写照吗？图中人物仅占画面百分之一还不到，面目难辨，正是突出一个"隐"字；大片留白展现了许询辞荣不仕的高洁与风骨。

许询的隐士作风也影响了萧山本地的许多文人雅士的价值取向，《康熙县志人物志·隐逸》载："萧地澄江列岫，毓秀栖灵，自元度诸公仰止来游，风流未歇，廉顽立懦间起，其人虽运会寥廓，而孤怀逸尚，奕世同揆矣。"说的是萧山这么钟灵毓秀的地方，自从许玄度来到这里隐居之后，就时有文人效仿，从未停歇。其中最具代表性的是明朝一位叫俞之琦的隐士。志载："俞之琦，字二韩。端士也。为诸生，每试辄高等。言行循矩，虽盛暑必整衣冠，望之莫不起敬。岁丙戌，弃举子业，志决肥遯，遨游元度岩洞间，三十年不入城市，远近咸称隐君子焉。”看来这位俞之琦俞二韩很有学问，每次参加科举考试均能高中。平时非常自律，言行循规蹈矩，即使盛夏也衣冠端正，让人一见就油然而生敬仰之情。但他立志归隐，放弃科举，在仙岩山一带隐居，30 年不入城市，看来是许询最忠实的追随者了。

宗谱里的故事

江南村落，往往同宗发族，以姓氏集聚。楼家塔以楼姓合聚，徐家店以徐姓群集，另外还有俞、张、章、陈等主要姓氏，这些家族世居仙岩，对许询的事迹也是口口相传，津津乐道，并把一些故事记入家谱，流传至今。

前面已有交代，吴越王钱镠率兵打败了刘汉宏之后，命徐鸿为镇遏使，楼晋为镇遏副使，世袭镇守黄岭、岩下、贞女三镇，后徐鸿于徐家店、楼晋于楼家塔卜吉定居，肇基发族。从唐中和三年(883)受命镇守至宋太平兴国三年(978)钱俶纳土归宋，两个家族世袭四代，镇守三镇近一个世纪。在这百年漫长岁月中，吴越国的统治向北已至江苏江阴一带，向南控制了福建大部，黄岭等三镇军事地位已不复重要，而徐、楼两大家族虽仍然仅“军管”长山一乡，其地位远在一乡之上。楼晋祖先与钱镠祖上是世交，历代均有联姻，楼晋的母亲是钱镠的堂姐，楼晋的妻子钱氏又是钱镠的堂兄钱铭的女儿，也是楼晋的舅表妹，所以楼晋其实是钱镠的外甥侄女婿。徐鸿与楼晋共镇长山，两家世代交好，也代有联姻，如楼晋的女儿嫁给了徐鸿的儿子徐君绶，儿子楼鄯娶了徐鸾的女儿，即徐鸿的侄女，都是王亲国戚，更何况两族确有战功，所以徐、楼两族历代注重家族修谱。

作为长山的最高长官，徐鸿及后代自称“长山徐氏”也在情理之中。史书记载徐鸿原籍为婺州金华,《长山徐氏宗谱·正节先生传》载其祖居实为衢州龙游(原属金华),古姑蔑国境内,为徐偃王后代。徐鸿死后葬于镜台山下,重兴寺边,也是看中了许询隐居的这块风水宝地了。2015 年徐氏后人修谱时向岩上村民购置山地,对祖坟进行了扩建并隆重祭祖。

翻开 2015 年重修的《长山徐氏宗谱》,徐氏与许询相关联的,更多地体现在维护重兴寺的香火之上。明正德八年(1513)《徐氏宗谱原序》中,有"咸通重兴佛寺,则徐氏香火院也"之记载;明崇祯庚午(1630)《长山徐氏重修谱序》载有"镌石于仙岩梵院者"字样;清嘉庆七年(1766)有"镌石仙岩,记名梵院"之句,都说的同一件事,即北宋时期徐鸿五世孙徐德荣将重兴寺改为与徐氏家庙合体,塑像供奉徐鸿夫妇,并将先祖功德刻石记碑的历史。谱载:"德荣,字仁甫,宋真宗咸平四年辛丑(1001)再创重兴禅院以为香火院,历五年工竣,至景德三年丙午立碑。"《紫阆徐氏宗谱》载:"有重兴禅院,乃祖宗植福,香火几圮,捐资重建,徐氏历世政绩碑刻炳然。"岁月流传,徐鸿的后代迁播各处,开枝散叶,瓜迭连绵。其后人对祖居仙岩之地心驰神往,历代不绝。如明正德八年(1513)《黄筑塘徐氏宗谱序》记载:"邑之南,富春之东,暨阳之北,镜台高耸,仙岩屹立,其地曰长山,盘互如城。一涧中分,寒泉营洁,可鉴可濯,徐氏世居,列屋于涧之两旁……"表达了对祖先的追思和对祖居地的怀念崇敬之情。

楼晋后人自称"仙岩楼氏",自然是对许询许玄度推崇备至,后人英才辈出,以世居仙岩为傲,并时有文人以诗赋颂扬许询,追慕玄度,并记之以宗谱流传后世。

元朝末年,楼家出了个名医叫楼英,医术通神,医德高尚,闻名朝野,享誉乡梓。楼英本名全善,字公爽,《仙岩楼氏宗谱·全善公列传》载："全善公，讳公爽，行公十六，初年习举子业，于易道阴阳尤深切精明。文词则辩论多方，沛然莫之御。悟父信可公一言：'贫欲资身莫如为师，贱欲救世莫如为医。'遂究心于岐黄之术。未几，行而辄效，效而若神，素压尘寰，轻财帛。隐居元度岩，读书采药以适志。济弱扶危，虽庐医扁鹊不能过也。遨游金陵，明太祖高皇帝闻名，召见调治，俱合上意，命官医院，固辞还山。其于经行羁旅之间，所遇危急存亡之疾，甦者百数十人，厚款重酬，飘然弗视。复归旧庐，炼丹著书，有《医学纲目》《内经运气》《江潮论》《参同契》《仙岩日录》诸集为世人所珍。以公襟期，功侯蝉蜕鹤羽，必然之品，究不上升者，岂名不在丹台，同钱若水未能羽化而。但云山烧药，流水种桃，以永天年耶，七十岁而卒。"楼英因父亲的一句话，弃学从医。他从小就对许询的传说心驰神往，学医之初，常常深入百药山采药，不时到仙人洞凭吊，希望得到许询的仙丹妙方，后来索性在重兴寺住了下来，日夜与许询神交，潜心研读医书，对李东垣易水派医学理论尤有心得，更得到了父亲好友——名医朱丹溪及其弟子戴思恭的悉心指点，医术突飞猛进，名气越来越大，被召入宫中，为皇帝朱元璋治好了大病。皇上龙颜大悦，就欲赐封他为太医官，但楼英坚辞不受，返回家乡继续救治百姓。旅途中碰到不认识的危急病人，他也悉心治疗，使百数人得以起死回生，却视金钱如粪土，谢绝一切重酬。返乡后又回到重兴寺著书立说，历时 30 余载，写就 120 余万字的弘篇巨著《医学纲目》，收录于《四库全书》之中。这部早《本草纲目》100 余年的医学巨著，也是李时珍参阅的重要蓝本。楼英另有《仙岩日录》《仙岩漫录》及《仙岩文集》传世，可见受许询的影响之深，我们也就不难想象其辞太医官不受的原因了。

《邵氏见闻录》记载，北宋时的钱若水有仙骨，陈抟老祖把他带到华山让麻衣道者度化，麻衣道者说“做不得”，最终他没有成仙。后来楼英也学许询烧药炼丹，寻求仙道，《列传》说他终究因名不在丹台，同钱若水一样没有羽化成仙，但楼英隐居仙岩，过着云山烧药，流水种桃的悠闲生活，而得享天年，七十古稀而终，在古代也是高寿了。楼氏后人及邻近百姓敬仰其活人无数之功德，仍称其为“神仙太公”，并塑像供奉，使其永享香火。看来在百姓心目中，楼英早已是神仙了。

其实楼英的父亲楼友贤(字信可)，就是许询的忠实粉丝，元至正十九年(1282)号称“会稽山樵者”的冯恕为诗集作序，开篇写道：“余跋涉南归，顾越中山水佳胜，因思许玄度当典午纷扰之际，能读书幽隐，超然物外，不为尘俗所累，其流芳遗迹必有存者。适儒林诸彦分仙岩十题，赋诗以赠长山楼君，念之则玄度故居所也。其耕钓棲息、舒笑之乐悠然可想……”可见楼友贤在到处宣扬其故乡仙岩胜景及许询的故事，而令“儒林诸彦”神向往之。其本人早年与杨维桢、胡一中、郭性存同学于浙东名儒胡思梅门下，在楼塔排翠楼同窗共学，号称“四俊”，均是才华横溢之辈，后来他的三位同窗好友都考中进士，而他却终身不仕，晚年更自号“仙岩耕云叟”，可见他对许询的忠实追随。杨维桢当过元朝的天台县令，在元末明初文才冠世，闻名朝野。明朝建立后，朱元璋召令再三，他仍坚辞不仕，大学士宋濂赠诗送行：“不受君王五色诏，白衣宣至白衣还。”可见其与许玄度志趣何其相似，看来在仙岩楼塔念书之际，也是喝到了许询的“仙水”了。楼英正是在父亲和这位杨师伯的耳濡目染之下，选择了自己的志向。

万历己亥(1599)九月，楼氏后人楼元峻写了一篇《仙岩记》，其中写道:“松筠适志,晋之玄度也;怪石怡情,唐之王勃也。”说的就是许询隐居仙岩,王勃题诗缅怀的典故。

楼氏后人楼峻,号晓亭,是个教书的私塾先生,清嘉庆四年(1799),适《仙岩楼氏宗谱》大修,担任纂修主笔,根据仙岩自然景观及人文历史,拟就了仙岩八景,刻入宗谱,广为流传。并作了序文:

> 仙岩者,因晋许询炼丹于岩石而得名也,犹邑之因萧然而名萧是已。余始祖为唐东越招讨使平刘汉宏寇,自富春至长山,遂卜居于此,迄今九百有余岁,族颇称盛矣。村居之地山回水绕,西有镜台,东有道林,南则黄辅之岗,北则石牛之嶂。其绕村一水,源出富春,盈盈如带,冬夏不涸。溪畔有石,壁立千仞,奇葩异翠,芬香可爱,即许询栖迟之所,名为仙人石者是也。……因题八景,各成四韵,庶几居是地者,知前人卜吉之善也。所谓八景者何?曰镜台秋月,曰道林旭日,曰黄辅松涛,曰石牛雪嶂,曰奎阁晨钟,曰溪桥晚钓,曰钱镠斧迹,曰元度仙踪。

其中“镜台秋月”和“元度仙踪”这两景都与许询有关。晓亭先生“镜台秋月”诗中写道:

> 三峰森列势崔嵬,
> 宛是妆楼玉镜台。
> 五夜秋光清海峤,
> 一轮皓月印山莱。

层峦岂为嫦娥耸，
宾匣偏因羽客[1]开。
俯仰却疑形影合，
碧霄青嶂足徘徊。

“元度仙踪一景”[2]诗中写道：

征君羽化几千年，
怪碧嵯峨立水边。
洞口桃花春尚醉，
岩间月魄夜犹圆。
云迷古寺疑烧药，
鹤立前溪似待仙。
丹灶虽非山色是，
清风林下思悠然。

这仙岩八景确实把楼塔仙岩一带的人文自然景观做了高度的概括，并赋予了悠扬的诗意。晓亭先生的文稿出来之后，在当时即引起了轰动，左邻四方文人名士纷纷前来应和，楼氏后人也代有唱和之作，宗谱收录了其中两位，由于意境差不多，这里就不一一列出，但其中不乏经典之作，如当年就有个年轻人叫楼泰钦，是晓亭先生的族侄孙，颇有文才，其描写“元度仙踪”的诗中，“人非应石千秋著，石自因人万古传”一句堪称妙笔。道光戊戌

① 羽客指许询。
② 即仙人石。

(1838)修谱之年，戊子科举人楼周士，也对八景诗作了应和，其中"仙人一去竟如何？客问仙岩几度过。欲访遗踪全杳渺，空余坐石独嵯峨"一阕，常被作为楼氏宗谱吟咏许询的经典，被很多文章引用。这些唱和之作，充分展示了楼氏后人对许询许玄度清风朗月般品格的敬崇，及对世居仙岩胜地的自豪。

位于仙岩山西南，仙岩溪上游的岩上村，由于是许询的重要隐居之地，也演绎出了很多仙人的故事，并被记入承志堂《俞氏宗谱》。其中流传最广的是百药山由来的传说：很久以前，村里有个樵夫上山砍柴，口渴之极，便趴在溪水中痛快畅饮，却不知其上游有一毒蛇正吐纳修炼，水质已被蛇毒污染。路经此地的吕洞宾见此情形，决定救樵夫一命，便化作采药老人，前去询问樵夫有何不适？樵夫说刚才喝了溪水，不知为何肚痛之极，便拔了几颗野大蒜，吃了就好了。吕洞宾一听大受刺激，枉他身为仙人，手眼通天，自作多情欲救人性命，却还抵不过人间一个野大蒜头?！遂将药葫芦里的药洒于山上，头也不回地扬长而去。这些仙药落地生根，很快在山上生长繁殖开来，因而此山就被称作百药山。

民国县志《琐闻》记载："五代时，黄巢兵犯萧，有老妪当道设灶，背投其所团之汤团。黄巢怪而诘之。妪以隐语止其杀机，民赖以存。后人思其德，立庙祀之，名汤团庙。今在县南长山乡仙岩山下，碑载其事。"《山川篇》又载："山下有古汤团庙，相传黄巢杀掠太过，有老妪当道设灶，于釜盖上留一洞，以反手搏团投之，无不中。巢怪问之，曰：'妪之投团，如若之杀人，相习使然，不自检故耳。'巢悟，杀机顿止，即弃剑于仙岩潭中。天雨阴晦，犹隐隐见潭中剑影云。"

在《俞氏宗谱》中，就详细记录着这个观音点化黄巢的故事：

话说黄巢起义，一路烧杀抢掠，如蝗虫过境，所过之处寸草不生。一日，黄巢带兵由两浙古道浩浩荡荡进驻仙岩山脚下，百姓闻风而逃，黄巢军军粮不济，士兵饥饿难耐。这时，黄巢忽然发现山脚当道一个草棚冒着烟气，有一老妪正专心致志地做着汤团，背后一口大锅，锅盖上有一圆洞，只见老妪将搓好的汤团反手扔进锅内，颗颗入洞，一丝不差，看得黄巢十分惊讶。他便上前行礼问道："老人家，您背后没长眼睛，为何汤团丢得如此精准？"老妪说："这和你杀人一个道理，熟能生巧而已。"黄巢听出老人话中有话，便问其故，老妇人说："不可滥杀无辜。"黄巢顿悟，就将手中宝剑丢进仙人潭里，以此立誓不再滥杀无辜。老妪见黄巢已经领悟，就说："快分汤团给大军用吧。"一口小小汤锅，汤团却掏之不尽，数万大军吃饱了仍没有掏完，黄巢更加惊奇，回身要拜谢老妪时，早已不见老妪人影，知是神仙点化，因而更下决心，此后行军，必派先遣部队宣传政策，安抚百姓，不再乱杀无辜，因而得到了更多百姓的拥戴，他的队伍日益壮大，最后直捣长安。黄巢建立了大齐，实现了"冲天香阵透长安，满城尽带黄金甲"的志向。据说此乃观音菩萨化身老妪点化黄巢，后人感念其阻止杀生之恩，在山脚建庙，取名"汤团庙"。

仙人石状如龙尾，当地人传说该石与富阳龙门山是同一条龙脉，龙头在龙门，龙尾在此，因龙尾击打水面，形成龙潭，深不见底。龙头处出了一个东吴大帝孙权，估计龙气尚有不足，因而他只得了三分天下。龙尾处却引来了许询隐居垂钓，也算是有头有尾了。

却说黄巢丢入龙潭之剑实乃削铁如泥的神兵利器，无价之宝。宝剑深深扎入潭底岩石之中，仅余剑柄，在天气晴朗、潭水清澈之际隐绰可见。黄巢临走之时，曾说此剑只有十个亲兄弟同心协力才能拔起。有贪心之人或自恃力大者,或相约结伙企图拔剑,剑却岿然不动。直到有一年,当地一户农家生有九个儿子和一个女儿,他们成年后,个个身健体壮,老农心想女婿是半子,虽差一点,或可一试拔取宝剑。于是老农他们抽干龙潭,十个汉子齐心用力,宝剑居然缓缓上升,抽出了一半。最小的儿子毕竟年幼定力不济,眼见成功,大声呼喊:“快出来了,姐夫再加把劲!”话音刚落,已然松动的剑身“嗖”的一声又钻了回去,连剑柄都不见了踪影。

这些故事不仅被当地村民记入宗谱,连历代萧山县志均有记载,可谓影响深远,也为因许询而得名的仙岩山披上了更加神秘的面纱,增添了更加浓郁的仙气。2015年俞氏宗祠承志堂重修,应村委之邀,区区不才也撰得一联,延请80高龄的严陵散翁程少凡老先生书写,作为宗祠柱楹。上联:“千年神仙福地,曾隐征君下钓线。”直接取用王勃诗句,点明仙岩由来及王勃赋诗的典故;下联:“百代耕读人家,还看承志谱新章。”嵌入了“承志”堂名,更寄希望于未来。安居乐业于神仙福地,也成了当地村民既自豪又朴素的美好愿望。

一脉清水般舞动的史诗

赵雪峰

公路沿着一湾清水的脉向，朝着楼塔镇中心延伸，面对满眼的青山绿水，我按捺不住清爽与欣喜，拉开车窗，把手机调成录像模式，对着溯流的河水、路边的绿树和沿岸的房舍以及远山……我急不可待地把视频发到微信群里，旋即引起北方朋友的啧啧赞美。我发语音："这就是萧山的千年古镇楼塔和穿境而过的楼塔溪，请耐心留意我跟进的风光图像。"

当地负责讲解的老先生十分热情善言，一会儿把我们带到仙岩石下，一会儿把我们引到溪水河边，转身又带我们走进一处老屋。他操着一口浓重的方言，抬起手，指山点水，口若悬河地讲述着楼塔的前世今生。

同来的队友听得十分认真，还时不时地发出疑问。队伍里，来自北方，从来就没听懂过一句土话的我，除了欣赏老人的肢体动态，看着他的表情进行揣摩与判断，也就只有跟在后面拍照的份儿了。

穿过写有"楼塔古镇"的牌坊，我们距离"古"字似乎又近了一程。这时，一阵悠扬的乐曲袅袅飘来。循着乐音，我们在古色古香的建筑群落中穿行，一边欣赏着明清时期的老墙木门，一边寻找着历史的遗留音符。

音乐真是一种神奇的艺术！当我驻足在演奏队前，乐曲呈现出的或悠扬或激越，或高亢或低沉的曲调让我如醉如痴，刚才由于方言带来的不便与困惑，此时已荡然无存，我似乎开始听懂音乐的“讲述”了。这一刻，我真的体会到音乐无国界、无地域、无民族的特点。她真的可以穿越世间所有樊篱，让陌路人之间沟通情感，互解心声。她甚至可以跨越时空，把心灵之窗打开，让古人与今人对话与交流。乐音虽然很抽象，但它能抽象到把所有物象变成内心的领悟，让人伴随曲调浮想联翩……

早就听说楼塔的“细十番”，知道它是一种由十件中国乐器组成的乐队进行演奏的音乐形式，并被列入国家级非遗项目。今天，我真切置身“细十番”奏响的音乐的旋涡中，仿佛读懂了楼塔，了解了这古镇的历史民俗。我闭目凝神，一边听着音乐，一边结合音响回想着刚才看过的山山水水和穿过的小巷长廊，继而，一幅历史与现实的画卷在眼前铺展开来。

说楼塔是千年古镇，实至名归。从集镇有明确记载时算起，它迄今已有 1100 多年历史。从唐末藩镇割据开始，楼塔便成了你争我夺的战略要地，尤其萧山与富阳交界的大黄岭，更是浙东与浙西往来的咽喉通道，是一夫当关万夫莫开的险要关隘，它一直被视为克敌制胜的重要保障。无论是临安招募乡兵的董昌，还是后来成为吴越国创建者的钱镠，以及坐在浙东观察使位置却在图谋兼并浙西的刘汉宏，都曾在楼塔地盘上鏖战厮杀，卷起过金戈划空铁马践地的纷繁烟尘。

楼塔历史中从来就不缺少名人志士，在中国近现代史中，楼塔涌现出许多英雄豪杰：晚清时期，楼塔人楼殿英加入反清、抗法的“黑旗军”冲锋陷阵，屡建奇功，《马关条约》签订后，楼殿英还远赴中国台湾，为抗击日本侵略者出生入死，英勇战斗；抗日战争时期，普通农民楼维青，宁死不给日寇当挑夫，面对骄横不可一世的侵略者，他毫不畏惧，面对杀头，仍然大义凛然骂声不止。此举打动了当时的国民党高级将领张治中，他亲笔书写“成仁取义”大块匾额送到楼塔。

更让楼塔人引以为傲的是“楼塔出了个楼曼文”。在萧山烈士陵园烈士英名录碑坊上深深刻着的 246 位英烈大名中，楼曼文是唯一一位女性。楼曼文作为妇女运动先驱，为中国革命东奔西走、忍辱负重，最后积劳成疾早早献出了宝贵的生命。楼塔人民为纪念这位为国捐躯的革命先烈，专门建立了楼曼文纪念馆。该馆作为爱国主义教育基地，于 2018 年 11 月 25 日对外开放，为纪念更是为了弘扬。

在古镇的门楼旁，横卧着一块“杭州书法名镇”的巨石，沉甸甸地显示着这里具有深厚的文化积淀和浓烈的传承气息。

有考，东晋时期大文学家许询看中这里优美、恬静的环境，便来此隐居。相传许询羽化成仙，因而，这里一度称作“仙岩”。我不知道当年许询与好友王羲之、谢安、孙绰等冠世文人游宴、饮酒时，是否向他们推介过楼塔的美与幽，是否聊起过自己在这里隐居生活的惬意。不管怎么说，许询在此终了一生，说明这里有足够大的乐趣形成的磁力吸引他仙逝于斯。

而“初唐四杰”之首的王勃直接为楼塔仙岩题诗：“崔嵬怪石立溪滨，曾隐征君下钓纶。东有祠堂西有寺，清风岩下百花春。”

前不久，有人送给我一本《明代医学家楼英》，我从中得知，这位元末明初的楼姓名医也是楼塔人，他所著的《医学纲目》居然早于大名鼎鼎的李时珍所著的《本草纲目》。

“山明水秀，有田可耕，有薪可樵”历来就是楼塔生活的真实写照，但楼塔人从来没有因为这样优越的条件而安于现状，相反，他们一直以饱满的热情拥抱生活创造奇迹，因而，在时代变革的大潮中永远立于不败之地。

画面铺展到现实中来:在球场上生龙活虎,互不相让的篮球队员;在画室里潜心描摹,笔走龙蛇的书画者;在展览馆细心浏览,静心思索的游人……所有的勃勃气象,都因有雄厚的经济实力作为支撑。

行走在街巷间,农户的小楼个个都是独门别墅,村民每家每户的大门旁都有一句家训,渗透着文明礼仪良好风尚,处处显现出社会主义新农村的生机活力。

对了,在巷道间一户农家木门两侧,我拍到一副对联,“不期而遇不言而喻不药而愈,有书就读有饭就肚有友就渡”,这看似轻松到漫不经心、打油诗一样滑稽的对联,衬托着这户村民的务实与幽默。这种平实淳朴的语言立刻把陌生的尴尬拉到一见如故的熟谙。

在返程的路上,我翻看手机里照片的同时,耳畔再次响起“细十番”的乐曲,这乐音不仅在回味历史,也在舞动时代,更是在唱响未来的篇章。

楼英惠天下理念与清廉文化的血脉传承

王兴江

公元1332年的初春，在风景秀美的百药山下，有一个男婴呱呱坠地。他就是明代著名医学家，当地称之为神仙太公、医学泰斗的楼英全善公。

楼英是楼氏先祖楼晋的十五世孙。其父楼友贤，也是当地名士，广交朋友，与元代大名医朱丹溪是莫逆之交。

楼英母亲赵氏夫人是南宋缁恭宪王的第五代孙，也就是大宋朝开国皇帝赵匡胤的后裔，理学笃实。楼英幼年的读书识字和为人品德都得益于母教。

楼英天资聪敏，4岁读书，7岁能读《内经》，11岁能写文字，明古训、音韵之学，12岁能讲《四书》。他能成为一代名医，更源于他的勤奋好学。在楼英7岁那年，母亲生病，其父请来了朱丹溪的高徒——浦江的戴原礼来楼家治病。戴原礼药到病除，妙手回春，楼英母亲病愈如初。幼年的楼英对他敬佩有加，志存高远地决定"不为良相，宁为良医"，济世救民。

如此以后，他白天识字，晚上攻读医书，夜以继日钻研医学要领，加上当时已为御医的朱丹溪和戴原礼与其父是故交，楼英碰到难题便去请教，渐渐地，他对医学的认识和医术的掌握得到质与量的提升。到了20岁，楼英便开始出诊，边医边学，走村过巷，往来民间。他亲煎汤药，治病疗伤，待在当地稍有名气后，便外出行医，足迹遍布苏、浙、皖、鄂各地，没几年便声名鹊起。某日楼英回家，楼塔有一孕妇难产，灵柩沿街出丧，正好碰到楼英，他察看棺内有血流出，甚是鲜红，急呼停棺。楼英打开棺木诊视死者——即难产女子后，以金针入其穴，婴儿哭喊出世。楼英救活母子俩，从此医名远播。

楼英不但医术高明，品德也十分高尚，行医伊始，就确立了“惠天下”的初心理念。在他时常出入的婺杭、睦越的要枢上，某地有家供南来北往的客人吃住的酒店，有一天他路经该店，恰逢两位老者病倒店内，店主怕连累费事，叫伙计拖拉两人出门。老人苦苦哀求，“祈活甚肯，佣人不许”，楼英上前相劝店家不可强为，“万一不讳，吾为直之”，意思是万一不测，由我负责。即诊其病，亲送汤药，数月痊愈。不但医药费分文不收，还赠送两位老人食宿路费。

而且，楼英看病，不论穷富，一视同仁。遇到穷的病人他还会倒贴医药费，成为仁者为医的楷模。如明朝洪武十年(1377)，50 岁的开国皇帝朱元璋病倒了，召集了太医院众多御医诊治，但总不见效。有太祖老乡临淮县丞孟恪和太医院御医戴原礼奏请：江浙一带，有位姓楼名英者，医术高明，医德高尚，在民间治病救人名声很大，可否请为御诊？楼英以独到的医学见解诊脉出方，明太祖服药数日即痊愈。朱元璋挽留他在太医院供职，但楼英立志行医救人，惠德于民，以体弱多病为由上表辞谢。不得已，明太祖下诏“赐归”，允其回乡。

楼英从宫中带回的音乐“细十番”，因曲调幽雅、悠扬悦耳而深受当地人的喜爱，其乐曲表达了人们对生活的热爱和对美好明天的向往。“细十番”宛如楼英本人，清雅淡泊，不慕名利。演奏从不登利禄场所，这是 600 多年前确定的规矩。

清乾隆二十三年(1758),楼塔楼氏借续修宗谱之机,重新修订《楼氏家训》,内容有“明五伦、立教养、敦孝悌、守法度、尚勤俭”等 22 条。

《楼氏家训》的“孝”与“廉”虽然是两个不同的伦理范畴,但在“修身、齐家、治国、平天下”的历史进程中,二者往往紧密相连、相互渗透、相互支撑。不孝无以齐家,不廉无以治国;孝以廉为要,廉以孝为本。

作为历经上千年门第依然兴盛的家族,楼氏治家秘诀就在于坚持了“以孝治家,以义济世,以中报国,以廉居官”的儒家文化传统。

如今,楼英“惠天下”的理念与之传承下来的清廉文化已成为楼氏后人取之不竭的精神财富。

梦回故里

萧　薇

一袭朱砂白底凤尾裙，我从三百年前的记忆里盈盈走来。彳亍于曲巷、青瓦白墙间，路边清浅小溪如练。忽有犬吠，旋无声息，转角却见孩童嬉戏。古井苍苔点点，扶手井沿，低首探望，澹然无波，浮现天宫一角，云卷云舒变幻无常。水光潋滟，倒影里的容颜，忽明忽暗，如一春花事，来去匆匆。弯腰手掬浅尝，甘甜、清冽……

旧时燕子落谁家？归梦故园，田间地头，参差送远；放学归来，上下于飞。巷口堂前，梁上花间。儿时寻常事，已成稀罕。几处空巢，诉说往事悠悠，离愁别绪，萦绕心怀。

“弹棉花喽……半斤棉花弹出八两八……”檀木榔头，杉木梢，金鸡啼叫，雪花飘。农家的姑娘羞羞答答倚着门框，递过一箩新摘的棉花，期待那一床新嫁娘的喜被。脸颊的羞涩映染了棉絮，乘风飘去，直到化作天边的云霞。我擦身而过，拂过棉花的手，温暖犹存。

绕过熙攘人群，我驻足在挂满油纸伞的铺前，男人柴刀下飞快滑过的青竹丝片，女人用它粘上画满江南春色的桃花纸，我取过一把粉红色的油纸伞，打开举过头顶，透过乌黑的长发，开出十里桃花。

沿着蜿蜒的鹅卵石小道，拐进直弄，不远已是南书房，半大的儿郎端坐堂前，晃着脑袋熟念《弟子规》。再去就到中祠堂，跨过门槛，仰头“夏禹一脉”几个金色大字气势雄伟，四对怀臂廊柱穿堂而过，堂上供奉着楼氏先祖楼晋和夫人。几百年来，香火不断，延绵不绝。几位年过花甲的老者，挥毫弄墨，字如流水：“空山新雨后，天气晚来秋，明月松间照，清泉石上流……”

一条金色的长龙匍匐前厅，身后两匹白马，栩栩如生。各色花灯应有尽有。每逢年节，农家的汉子举起板凳，舞动长龙，豪气铺地，孩子们提着花灯跟着奔跑，大街小巷人头涌动，长龙时而跃起，时而奔腾，时而旋转，古镇跟着绽放，沸腾。

出了中祠堂，五房墙门毗邻而建：乳钉形柱础，垂花柱廊檐。推门而入，院中支路相衔，山石点缀，东侧门额“绳其祖武”赫然入目，厚实大砖上镶嵌方格木窗，横梁笔直，飞禽雕砖，院落堂皇。这便是下祠十房院落，鼎盛时期，可见一斑。

穿过下祠堂，错落的飞檐斗拱，一处矮房跳入眼帘，斑驳细碎的阳光打在墙面，苔藓成斑，藤萝掩映，“诗礼传家”的石匾历经风雨，熠熠生辉。

街尾僻静处医馆静立，“宁可架上药生尘，但愿世间人无恙”，两行对联分左右，白须老者坐堂前。我欲近前，老者抚须微笑，和蔼慈祥，见我后辈，自言道：“医之为学，其道博，其义深，其书浩瀚，其要不过阴阳五行而已。病者，气正则邪不入，不治而愈，为人亦如此，心正则身正，百世流芳。”我欲细问，老者拂袖而去，步伐轻盈，如腾云驾雾。

未及回神，横街一阵骚动，我被人群簇拥前行，敲敲打打由远及近，高头大马在街前停下，锣鼓声落，鞭炮四起，这是送喜报的队伍，老老少少涌入祠堂，皇榜在上，楼氏子孙遴选高中，举族同庆，众人齐奏“细十番”，十碗头摆满八仙桌，庆功宴三天三夜不绝。

不知不觉油纸伞下已是停轿坪，眼前几顶丹凤朝阳百子图的花轿错落有致，这是楼氏家族女孩们的最后一站，我抚摸着红色绫罗帷幕，恨自己不是男儿身，终究也逃不了离别的愁，心如沉石，触目柔肠断，落花如雪乱。

恍惚之间，不知自己身在何处，身处何时。仿佛未嫁时，提着篮子走在田埂上，泥土，青草，花香。回首来时路，拾掇岁月痕迹，不知不觉，泪流满面。

烟雨

楼塔曼文

孙昌建

我对萧山楼塔的印象，可以用惊鸿一瞥来形容，这不是夸张，而是指那种初见时的喜悦。虽然早就听说过楼英和“细十番”的传说，虽然江南的古村古镇也大同小异，虽然初见时的喜悦有可能过一个晚上它就消逝了，这有点像那洲口桥下的流水，我在那个夜晚走近它的时候，先是用耳朵感知那流水，而到了第二天早上，当我再一次走近它的时候，我想我已经是第二次涉水而过了。

初见犹如第二次，这是一种奇妙的感觉，尤其是走进楼曼文纪念馆时，准确地说我被楼曼文这个楼塔人所吸引，因为她触发了我记忆中的某些结点。

我想起十几年前有一次在满洲里，在那里的一个纪念馆里突然看到诸暨人俞秀松的一张照片。这样的照片很可能会经常出现在某些场合，比如出现在诸暨的纪念馆里，包括出现在俞秀松中学或杭州高级中学里，也可能出现在杭州的党史馆里，但是它只有出现在满洲里时，我才会对之产生好奇，然后因为这种好奇而去探寻他生命的轨迹。这样的轨迹常常因为某种难以言述的原因而突然中断乃至消失不见，但这恰恰是让我不断探寻的动力之一，因为我的网已经撒出去，我不知道会有怎样的收获，但是无论对溪流还是大海，我是不会放过每一滴水的。

在楼塔的体验，正如前些年在台州临海，当时我也去古村顺便寻访周至柔故居,同时也向人打听一个叫吴先清的女生。前者如愿以偿,后者不了了之,但是这一次,我在楼曼文的纪念馆里又看到了吴先清的名字,事实上你去网上搜索这个名字,也会出来一些内容的,但是当楼曼文的名字跟吴先清的名字放在一起,然后她们两个又跟“中央特科”的名字连在一起时,我觉得似有一些线索慢慢浮出水面了。

然后我在纪念馆中又找到了杨之华的名字,这简直让我的眼睛都要发直了,一方面为自己的孤陋寡闻而感到惭愧,另一方面又为自己的这种“发现”而窃喜不已。早些年我也去衙前寻访过,也到农运馆和沈定一的旧居里去看过,跟沈定一的孙子还聊过一阵子。我当时就有一个判断说:一部杭州史,半部在萧山,我指的是100年前的那场轰轰烈烈的农民运动的历史,以及随后的建党建团包括创办乡农学校的历史,而这个“半部”当中,杨之华占了重要的一节。

但是真要说起历史,特别是说起红色的党史,难的不是盖棺论定,也不是做“翻案文章”,而是追寻历史上的那些失踪者。相比于杨之华,人们对楼曼文知之甚少;相比于楼曼文,吴先清就是那个失踪者,她被当时的苏联政权当作间谍流放到西伯利亚后就彻底失踪了,所以楼曼文能在狱中挺过来是多么不容易的事情啊。再仔细一看,楼曼文在“特科”的工作,我们是一无所知,因为她的档案中没有写,或者说写了也没有解密。那么何时会解密呢?这又是一个谜,这是连她的儿子都感到困惑的,因为他想写一部母亲的传记,但是直到现在他还没法写,因为知道得太少太少了。

儿子没法写母亲,那让我们这些参观者怎么写呢?好在我发现了杨之华,杨比楼大7岁,杨担当的应该是楼曼文的闺蜜兼引路人的角色，但是她们之间是怎么认识的呢？楼的儿子方荣欣说他们两家是世交，而且还有一个很重要的原因是，楼的父亲做过邵力子家的私塾老师。邵力子在当年是一个极其重要的人物，特别是在杭萧绍之间，他和沈定一、刘大白以及学生辈的俞秀松、杨之华等的关系，那都是有一本书可写的，但是我们现在的书，似乎是很少写这种朋友圈的关系的，现在大部分书所写的，还是成功人士打江山的事情，至于江山之外，如果没有日记和书信留下来，那几乎是没法写了。

也正是从这个角度出发，我在楼塔看到楼曼文纪念馆，才会觉得特别有意义，因为这意味着我们已经开始梳理这一部分之前可能被遮蔽的历史，特别是战斗在看不见的战线上的这样一批特殊人物。虽然纪念馆中并没有多少解密的内容，但是这已经是一个开始了，包括她的两任丈夫，那都是绕不过去的重要人物。我也认为我们尤其要相信民间自有一股力量，包括读史解密的力量。那巧也真是巧，当我把随手拍下的照片晒到微信上之后，《杭州日报》副刊倾听版的编辑看到了，她说正好要发有关楼曼文的一版文章，这些照片正好可借来用在网络版上。随后几天，另有一个朋友传来一张 20 世纪 30 年代的老照片，让我辨认一下照片中哪个是吴先清，我说这个我能一眼就看出，但是那个朋友说，吴的子女说不是我指的那个人……

莫非“特科”的人真的会易容术吗？

而今天的楼塔显然也会易容术的，但是它最大程度地保留了原风原貌，这是相当不容易的，而楼塔的曼文，曼文的故事，可能才刚刚开了一个头，这也正如洲口桥下的流水，我不知道它会流到哪里去，是钱塘江还是大海？我希望假以时日，能写作一本楼塔曼文的书，那是血色的主义之花，那是自由的曼妙之文。

张灯结彩地生活

黄建明

在萧山,能吸引我在一周内三次赶过去的地方并不多,楼塔便是。

中国民协老书记罗杨说:“作为人类对自身历史的一种记忆行为,文化故事传播着一定社会的文化传统与价值观念,引导着社会性格的形成,构建着一定社会的文化形态。具有五千年文明底蕴的古老中国是一个充满故事的国度,有着悠久的讲故事传统。”

我一直认为,故事是与人类共生共存的文艺样式,当文字出现以前,记录人类进程最普遍和最有效的载体就是口口相传的故事,可以说,有人的地方就有故事。美国修辞学家伯克说:“故事是人生必备的设备。”随着现代传播媒介的发展,故事表面看似乎正在走向衰落,但我坚信,由于故事特有的功能和魅力,其必将以新的形式和适应时代的传播方式,与人类共存。

楼塔就是一个有许多故事的小镇。

1122年前,唐代末期藩镇割据,各地战乱纷起。临安董昌招募乡兵,钱镠为偏将。后董昌为杭州刺史,钱镠出任都知兵马使。中和二年(882)八月,浙东观察使刘汉宏,图谋兼并浙西,发兵屯于钱塘江边的西兴寨。钱镠领兵三千,两渡钱江杀入大营,大挫刘汉宏。翌年三月,刘汉宏调兵分屯黄岭、岩下、贞女三镇。

钱镠又率兵攻破三镇，刘汉宏败退诸暨。钱镠在打败刘汉宏后，在岩坞口的山岗上建旗祝捷，后设军镇守，令甥楼晋驻守。楼晋见洲口溪沿岸山明水秀，有田可耕，有薪可樵，就在洲口溪南的沙丘上肇基发族，形成村落，发展成集镇，名为楼家塔①，简称楼塔。

楼塔故事多，远近闻名。东晋名士许询在此羽化成仙，黄巢在此弃刀，钱镠在此劈山；佳山坞村“半年节”、宫廷音乐“细十番”、楼英的《医学纲目》、洲口合力造桥、妇女运动先驱楼曼文女士、抗日英雄楼维青……

楼塔的故事多，楼塔的桥也多。

楼塔北倚洲口溪，这独特的地理，给了楼塔老街一缕水乡的韵味。溪上的石桥，犹如老街的一张张名片，传向四面八方。至今还在的许多古桥，在时间的浸润下，平平淡淡中延续着生活的快乐。

有路就有桥，有河必有桥，桥与乡民的日常生活紧密相连。一座桥，往往是历史的缩影。从最初的将三四支毛竹连在一起，用竹篾绑住，搁在溪沟上成为“竹跳”，到后来的把二三张“竹跳”接起来，两头用石块加高，中间又用毛竹做柱脚的“竹桥”，其间经历了许许多多的风雨。有人在竹桥边纳凉吟诗、作画刻印、谈天说地，“竹桥胡”由此而来，成为洲口溪的美谈，穿越千年。几乎每个在洲口溪边的村子，都有竹桥，以方便两岸乡民往来。后由于竹桥又硬又滑，时间一长会开裂，不安全，聪明的乡民又把竹桥改为木桥，时称“板桥”，不仅平稳牢固，安全实用，而且美观。直到清光绪三十三年(1907)，桥长 25 米，宽 2.5 米，2 墩 3

---

① 塔是土丘的意思。

孔的田村洲口溪上的田村桥才建成。因桥旁有座金钱山,所以田村桥又名金钱桥。桥墩用条石砌筑,上游面呈尖棱状,桥孔呈六角形,极具观赏和文化价值。位于田村桥下游三四里处的洲口桥,大家都认为它是一座"古桥",其实它并不古,而是一座现代建筑,只是式样和建筑工艺是"古代"的。这种梯形石拱桥,至今,在浙江省内仅存两座。这座1920年开始建造的年轻的古桥,承载着古镇人们许多难以忘却的记忆。它由楼塔人自行设计施工,耗资约30000银圆。石结构五孔桥,4墩5拱,高5米,长47.8米,两端各以6级石阶接路,桥面净宽3.5米。桥面两侧护栏各13档,石栏板高0.5米,桥中四个栏柱饰狮雕。据当地95岁以上的老人回忆,建造工地的场面非常壮观,山上有人砍毛竹,村里的篾匠不停编制畚箕;建桥执事组织劳力,划分班组,日夜调配,保障器材的供应;妇女们烧茶送水,保证男人按时吃饭换班,到轮值日,还得为工匠烧饭。这座美轮美奂的桥梁,至今还矗立在悠悠之溪,与溪边的大樟树为伴,走过风风雨雨,庇佑着楼塔的子民。任凭风吹雨打,时间消磨,刻在乡民的心田,写在文人的笔下,婉约如宋词,狂放如草书,默默地驻守在溪水之上。是呀,石桥是洲口溪的名片。这名片,必将滑过青空,留下小鸟一般的痕迹。

楼塔的故事多,一口气哪能讲得完;楼塔的桥也多,哪能一眼望得完。倒不如你自己去楼塔逛一逛,看一看。

去年,楼塔镇完成了小城镇改造。与别处动辄花数亿乃至十数亿的改造不一样,楼塔的改造体现了两个词:"经济"和"实惠"。花最少的钱办最好的事,根据自身文化积淀深厚的实际,自然、随意,又不失雅致,看了令人回味无穷。

看到楼塔老街的悠悠慢生活,仿佛慢得回到了20世纪。在四月，老街依然我行我素，依然像唐诗宋词的时代，清净、寂寞。在贫穷的巷子里，在赏心悦色的暮色里，谁家大院的墙头还开着红杏，香气持续千百年。

这是一个天堂，邻居们还能在巷子里问候，闲聊与彼此祝福。这里之所以被称作天堂，因为除了吴越的烟花，还有中国传统的被坚持。

一座没有生活细节的老街，是没有活力的，好在楼塔的老街，处处充满了生活的细节，充满美感的曲线，老街有36条大大小小的巷子。在小巷与小巷的接口，墙壁不是平常的呈90度角，而是上方下圆，圆弧的高度一般在2米左右，为了人在转弯时，视线开阔，又不被碰伤，这种人性化的设计，反映了楼塔先人的智慧。先前小巷里有木行、竹行、米店、布店、茶店；有南货店、油烛店、酱园店、饭馆；有水果行、染店、药店、成衣店；有剃头店、广货店、柴炭行、碗店，甚至还有棺材铺，三百六十行，每一行又牵扯出许多令人眼花缭乱的故事，充实丰富，活活泼泼的，美不胜收，深深厚厚的。这些不唯新的细节，也许会平庸，但绝不会无聊。

同行的涂国文君是江西人，他很可爱，看到老街有村民在晒笋干，他立刻上去，抓起一把就吃，边吃边赞叹："有老家的味道，有小时候的味道！"涂君哪里知道，楼塔人心眼实，笋干不加任何添加剂，纯天然的，当然与小时候的一模一样。

看到涂君这样子，很多在场的游客，纷纷与涂君一样，抢着吃笋干。笋干的主人是一位70多岁的老太太，她笑呵呵的，像见了新鲜事物一般地开心："随便吃，随便吃，不要钱，不要钱。"

在小巷深处，能时刻遇见春光。这座生活着的千年古村，留下了许多老墙门、祠堂，仿佛千年的时光，浓缩在潮湿的空气里；斑驳的墙面，石板缝挺出来的小草，卵石路边的水沟，仿佛在向我们探望，询问春光的秘密；墙壁上涂鸦着的童年时光、银幕，悬挂着的竹筒之花，仿佛在告诉我们，这里，是我们寻找的最佳之处；古井、美术馆、博物馆，仿佛穿越了美好的时光，烛照这个世界的光亮；那些置于水墨背景上的断墙、龙灯、老屋，仿佛从太古的梦幻中浮游而出，焕发出一种水流花开的道机禅趣。所有这些炫目的元素，共同构成了楼塔老街的美学风格。

晚上的老街，张灯结彩，水在流淌，鱼在游走，石板路在浸漫，红灯笼在渗透，屋里的灯光在泼彩，形成一个境界的相互映衬，“这是一种情韵，一种心致”。有趣的是，晚上大街上还有村民未收进的笋干，就这么放在街上，路不拾遗，民风淳朴。

是呀，楼塔就是这么自自然然的，她不需要热闹，她只需要一点点忧伤，一点点文艺。如果说，楼塔是一部耐读的书，那么，我们只是看到了她的影子，触及到了她的外表而已，无论是从古镇设计规划角度，还是从文化历史角度，楼塔老街的耐读性远在许多江南古镇之上。其实，唐代诗人王勃的《咏龙尾巴潭》，早已把楼塔的文艺性看透：“崔嵬怪石立溪滨，曾隐征君下钓纶。东有祠堂西有寺，清风岩下百花春。”

你想，在这安静清幽的老街，与清秀、温婉、柔情似水的江南女子一道，享受漫漫时光，该是多么浪漫惬意的事啊！可以说，比起周庄的喧嚣、乌镇的嘈杂、西塘的人山人海，楼塔老街更像是一个处在深闺的少女，静逸、神秘，适合流连抒情，又或者像归隐于山林的雅士，清雅、淳朴，适合幽居回味。

于是，在这样的老街，泡一杯香茶，静静地瞭望，桨声灯影的归来。

于是，在这样的老街，举一只灯笼，静静地等待，张灯结彩的生活。

古镇·风韵

楼塔的街

楼塔的昼与夜

李郁葱

我应该庆幸第一次抵达楼塔是在黄昏。下榻之处就是司空见惯的旅舍,装修见了匠心,但也就如此,而环顾周边,有田野,有群山,也有飞鸟,江南春色只道是寻常。说庆幸是因为餐后,我们一行摸着夜色,走上楼塔溪上那座百年老桥,流水淙淙间,像是突然推开了一扇门:似曾相识的气息。

小镇的寂寥在灯光的掩映下显得格外深远,古镇的那些屋舍在夜色中是沉默的,一种感觉中的沉默,仿佛在度过漫长的岁月之后,它们有了短暂的停顿。此时的空气却是躁动的,那些在房畔街角,竞相在春天开花的植物,我们叫得上名字的和叫不上名字的,一起努力着往空气里掺杂了一层薄雾般的甜,这就是江南的春夜。

老楼塔房屋的门扉都闭着,而窗户也像是合上了的眼睑,因为人们大多搬到了古镇之外生活,留下来的老人,又有日落而息的传统。在夜色中,偶尔看见从房屋的深处漏出来的灯光,内心会有一点点的意外和恍惚,会张望,想看看里面的风景,风景当然是看不见的。

我们游荡在夜晚的楼塔,湿润如鱼。时间如水,而我们的言语是水中的涟漪,在黑暗中和猫叫犬吠一样震荡开去。

夜色中的猫

有朋友看着夜色中犹豫着避开我们的猫说，这里的猫像是我们小时候的猫，有着小镇的自由。也是，城市大了，家养的猫大抵就是在几十平方米的空间里活动，跑出去的，成了野猫，说不定什么时候就没了。

在这样的夜色中，我们踏在青石板上的脚步都是安静的。也许在某个转角，我们不经意间走了当年大名鼎鼎的楼英走过的路。楼英跨元、明两朝，著有《医学纲目》。他是明朝开国时的太医，杀功臣绝不手软的朱元璋对其倒是优渥有加，毕竟天子也是血肉之躯，需要医术精湛者的修理。

医生楼英是楼塔的一个符号，也是走入楼塔深处的一把钥匙，再往里走，楼塔差点成为一座大的城邑。

按照现在的区划，楼塔地处萧山、富阳、诸暨三地要冲。周边群山环峙、岭高峰峻、地势险要，而与富阳交界的大黄岭，是浙东与浙西往来的咽喉通道，历来是兵家必争之地。唐代末期藩镇割据时，钱镠曾想在此筑城设州。但有下属说“继以地类沙积，恐不堪万年基”，便在洲口山石壁上以斧验石。连劈了十八斧头，发现岩石脆软，就放弃了设州打算。

楼塔之名也是这个时候开始的，钱镠放弃设州，但要塞得有信任的人扼守，驻守的任务就交给了外甥楼晋。这里山明水秀，有田可耕，有薪可樵，于是在那个农耕时代慢慢形成村落，发展成集镇，名为楼家塔，简称楼塔。

我们可以遐想一下冷兵器时代这里的热闹，或者可以想象一下烽火瞭望塔的形状，都像是传奇的开始。如此，才是打开了楼塔的第二道门。

再往时间的上游去追溯，以前的楼塔还不叫楼塔，而是叫作仙岩，为什么取这样一个名字？说是因为这里山幽涧碧、松竹修茂，东晋名士许询就在此隐居，传说也在此羽化成仙。

这是属于楼塔的隐秘的诗意，守护着楼塔的内心，就像第二天的阳光中，在楼塔溪上掠过的灰鹭，夜色打湿的羽毛泛着回忆的光泽。在楼塔一地，这样的光泽时不时地会闪一下：比如楼塔下辖一个村农历六月十四的“半年节”，是一年当中仅次于春节的重要节日，杀猪、宰鸡鸭、裹粽子、放鞭炮、大宴宾客……与过年如出一辙。

而和它相邻的一个村的“半年节”却是在农历六月一日。这种风俗的形成现在已不可考，能够听到的也只是一些传奇。我感兴趣的是，这样一种小范围的习俗，为什么能够一代代传承下来？这就涉及人心底处的秘密了。

白天的楼塔镇是清晰的，比如那 30 多幢明清建筑，其墙角房檐，其雕梁画栋……

都是时间的痕迹吧，物件老了，就像人脸上的皱纹，就像那条鹅卵石路，说出来的都是沧桑和叹息。但那些门额题语传下来，耕读传家、诗礼传家、修身齐家这一类常见的不说，其他还有聿修厥德、日升月恒、视履考祥、绳其祖武、贻厥孙谋、守先待后、居之安等，都是时间所不能剥落的底色。

楼塔的夜和昼这样紧紧相贴着，就像历史和今天，我们总想找到它们的界限，事实上，在找的同时我们已成为历史的一部分。出古镇时，远远看见窗台上蹲伏着一只猫，颇有威严之相，也许它以为自己是一头虎吧。

听，楼塔的声音

郭　梅

我第一次到楼塔，是在知道萧山楼塔这个地名的20余年之后——自从踏上讲台，每学年都接触不少萧山籍学生，所以大致知道了有两个姓氏的省内年轻人大概率来自萧山："来"和"楼"。而且"楼"姓学生哪怕并非来自楼塔，其家族也一定源于楼塔。可是，说起来委实惭愧得紧，超级路盲如区区在下却始终只知"楼塔"之名，并不清楚这座千年古镇位于萧山的最南端，在诸暨、富阳、萧山三市(区)的交界处，离诸暨的次坞，那个近几年因遍布大街小巷的"次坞打面店"而为人所熟知的地方很近——直到今年四月，一个春意融融的周末的午后，在我的一位首届学生的陪同下，我才第一次走上楼塔的洲口桥堍——当然，这位自告奋勇给我这个路盲班主任充当向导的男士，是萧山人。而就在我们抵达楼塔前不久，一位当年的楼姓女生，如今在萧山某校育人无数的楼老师，还在因我而设的饭局散后颇带歉意地反复说，要不是单位下午有事情，本来应该是她给我在楼塔做导游的。她的语调亲切语气诚恳，是我此番楼塔之行听到的第一份来自楼塔的声音。

据史料记载，唐末僖宗中和二年(883)三月，时任杭州都知兵马使兼天下兵马都元帅的钱镠在今楼塔古镇境内的大黄岭平定了义胜军节度使刘汉宏的叛乱，据守仙岩山要冲，欲筑城设州。但当他以斧劈岩,却发现岩石脆软,便放弃设州,而派外甥楼晋驻守于此。楼晋见此地山明水秀,有田可耕,有薪可樵,且仙岩山如虎之踞,洲口溪如龙之蟠,心中甚是喜欢,遂将家眷从义乌迁到此处,在溪南择丘而居,名之曰"楼家塔"——"塔"者,"丘"也。这,就是楼塔之肇始。然后,经过五代、两宋的繁衍发展,明清时期的楼塔已颇富庶繁华,是诸暨、萧山、富阳地区的商贸重镇之一。因钱镠劈岩而思建州之地在古镇之口,故楼塔的山、溪、桥等都以"洲口"命名,即洲口山、洲口溪、洲口桥。

下车伊始,从下榻的仙岩大酒店步行几分钟,便到了楼塔古镇的入口——首先跃入眼帘的是洲口桥。夕阳余晖下,古桥在冠如伞盖葳蕤蓊郁的大树的掩映下,沧桑着、青春着、美好着,静穆而安然。

"老师,我们走左边还是右边?""当然是左边!"我毫不犹豫地指着左边的古桥如是回答——它是一座始建于五代,民国年间重修的四墩五孔桥,通长 47 米,拱高 4.6 米,桥面宽 3.5 米、长 44 米,两端各以 6 级石阶接路,两侧护拦各 13 档,石栏板高 0.5 米,桥中四个栏柱雕有狮子。这座桥东西向横跨洲口溪,是古时连接富阳和萧山、诸暨的唯一通道,1997 年被列为萧山市级文物。据地方志记载,洲口桥最早是一座木桥,至清同治年间改建为石结构平桥,后毁圮。1919 年,有乡贤提议集资重修洲口桥,以"上圆宗族梦,下造子孙福,便利四方人",迅疾得到全体楼塔人的积极响应。至 1921 年冬天,4 个桥墩建成;1923 年 4 月,石拱桥架起,桥面铺成,行人可通行;1928 年 5 月,桥面两侧各 13 档护栏石板装置成功,洲口桥彻底竣工。该桥用并列分节法砌筑,墩设分水尖以减小山洪的冲击力,已历经百年风风雨雨的考验,像一位全知视角的说书人,为初到的访客娓娓诉说着楼塔的前尘往事。

古桥的右侧,是一座可供汽车通行的新桥。不必说,选择从左边的石板桥面上缓步而行,才更能体会老底子楼塔人生活的静谧和安逸。桥下,清澈的洲口溪水潺潺而流,侧耳凝听,便更觉其淙淙不绝,悦耳,更悦心。而百年前率先提出募捐建桥造福桑梓的那位楼塔先贤沉稳坚毅而踏实的声音,也似仍在桥畔回响。

有道是多年父子成兄弟,多年师生则亦能成姐弟。一晃20余载,我和身旁的"导游"早就一起跨入了董桥所云之下午茶的人生阶段。过了桥,我们一边絮絮叨叨地继续忆当年、致青春,一边信步古街、小巷,恍然间我仿佛回到了童年——略显破败的老墙门、墙角滑擦的青苔、整齐碧绿的菜畦、石板路上些许的积水和微微的反光,还有斑驳的老墙面上所画的玩"撞拐""纸飞机"的孩子们,骑自行车带着心爱的姑娘甜甜蜜蜜"游街河"的小伙子……看得人不由地嘴角上扬,会心一笑——四围山色九曲溪,半是仙源半是城,楼塔呀楼塔,我虽是初到,心里却如旧识一般呢。

翌日,我和朋友们再次步入楼塔古镇。走街串巷,转角处处遇风景,其中最有趣的莫过于方言墙了。"各头牛宁"意为"这里没有人","凸为子噶"是"故意"的意思,"活风机早"是"肮脏"的意思,"门早会"则说的是"明天见"……这些萧山方言词汇,带着鲜明的吴语太湖片、临绍小片的特点,是地域文化的一个有机组成部分。在越来越多的年轻人远离方言的当下,楼塔的方言墙虽然并非"独一份",但绝对令人回味,而且也是楼塔人对地方文化保护发出的明晰之声。

大街小巷的两旁挨挨挤挤的都是铺子,吃的穿的玩的,包括在大城市已经很难找到的小裁缝铺，也包括当下颇无古意的电子产品，应有尽有，有的店招名字也很有意思，比如引人调侃遐思的“鲜肉店”——有朋友笑言：“好想给它前面加个‘小’字啊。”惹得众人哈哈大笑。店主和顾客们三三两两，似乎个个都慵慵懒懒的，市声亦似有若无，和着小溪流水的淙淙潺潺，煞是和谐，生活气息很浓，但又决不嘈杂烦乱。天朗气清，微风和煦，穿街走巷间，时不时可以看到晒着菜干、笋干、鱼干的大竹匾，有的匾上还依稀可以辨识出油漆写就的生产队组的名字，显然是颇有些年头的了。“嗯，这个焐肉味道最赞”“那个夏天烧汤最是解暑”，我们随口点评着，还忍不住偷偷拿了些儿尝尝，倒也不曾见有主人出来呵斥驱逐，是为一乐。

走着走着，遇到一位在路上兜售自制番薯干的老太太，倒勾起了儿时的馋虫，便道：“给我称一斤。”看老人家称得很认真，又加了一句：“随便称下好了，多少没关系的。”不料那干干瘦瘦的小老太太却完全不领我的情，一边拿着小小的老式杆秤仔细看秤花，一边极认真地强调：“嘎弗好少呐(你)一滴滴，做人要凭良心，呐只管放心！”我也便一边拍下她和她那估计已经相伴几十年的小巧精致的杆秤，准备回家当稀罕物件儿“献宝”给孩子们，一边笑着建议：“阿婆，让孙子孙囡弄个支付宝、微信的收钱码，以后做生意就方便啦！”“覅，覅，偶老太婆弗会用。”老人家连连摇头摆手，那固执的样儿很有意思，成为我的记忆里成为楼塔市声的底色，可爱、可敬，挥之不去。

“要是走在街上能听到楼塔‘细十番’的声音，那就好了。”一位老友道出了我的心声。传统民乐“细十番”曲调幽雅，古意盎然，此番未能一饱耳福，实为憾事一桩。不过，更遗憾的是没能欣赏到楼塔岩山中心小学绍剧班孩子们的演唱——2013 年，岩山中心小学成为杭州市非物质文化遗产传承(绍剧)教育基地。此后,为了将日常绍剧知识普及与学生精品社团优秀生培养相结合,学校设立绍剧艺术长廊,推出“一师一品”微课程建设,还开发了绍剧校本课程《仙岩古韵》,在全校普及绍剧。迄今先后已有四位同学被萧山绍剧艺术中心定点招收为绍剧少艺班成员,还有同学分别被浙江绍剧研究院(浙江绍剧团)和浙江昆剧团录取。孩子们表演的折子戏《过河》《挂画》在中小学戏曲比赛中曾荣获市、区一等奖,其中《过河》参加2015年全国青少年才艺大赛荣获金奖,《挂画》还参加了2016年全国青少年央视春晚,可谓人小志大,为弘扬传统文化唱出了镗鞳之音。

不过,留些遗憾也好。下一次到楼塔,不妨屏气凝神,再次细细聆听楼塔的声音——那是风骨的声音,是文化的声音,更是传承的声音,我闲闲地想。

楼塔午夜之子

周华诚

进入楼塔已是凌晨。从机场开车走高速，再穿过寂静的村庄和田野，车窗外飘着细雨，就这样，我只花了半个多小时，就完成了从机场到楼塔的场景切换。此刻，楼塔，是一座已然沉睡的楼塔。这座千年古镇，地处萧山最南，接壤富阳、诸暨，再往南，就出杭州了。我进入楼塔的时候，是在一个暮春的夜晚，一个人，穿行于沉沉的黑夜之中，抵达一座古老集镇，放在 600 多年前，说不定我就是那骑了一匹马，驮了两袋山货与布料的商人，此时此刻，饥肠辘辘，乍望见这样一座繁华的小镇，怎不心头一暖？那灯火，一盏两盏，照在檐下，马蹄声的的，敲打在青石板的巷道上，我提醒马匹轻放脚步，以免敲碎街上人们的梦境。走在这古老的巷道里，我甚至能听见男人的梦呓与鼾声，听见一两声遥远的狗吠，听见夜鸟在蓝黑的天空下无声地飞过。这是多么宁静的夜晚。我推开一间客栈的窄门，里面有一盏灯火在摇曳，这间客栈总是会给远行的人留一个门，即便当天客满，没有任何一间房可以入住，这间客栈依然向每一位过路的旅客敞开，让他们可以推门进来，坐到这盏灯下，卸下包袱，歇歇脚，然后眯上眼睛打个盹儿。因此对于楼塔这座小镇，我是如此熟悉，这是一条必经之路，这条巷道，这些花窗，这些低矮的屋檐与屋顶上的炊烟；这月明之夜的青石板街，月光像水一样倾泻在石头上，或者是烈日的中午，我踩着自己的影子前行，又或者，是在一次大雨之中，候在随便哪一个房子的门楼之下，等雨停。在我若干年艰辛的贩夫走卒生涯中，楼塔是我曾一再落脚的地方，我对此充满感激。

我停好了车，背着行李走到前台，玻璃门自动在我身后合上，而前台的服务员正躺在一张行军椅上沉沉睡着。我轻唤了三声，第四声时她应了一声，然后掀开遮盖于身上的棉衣起身。她还穿着工作制服，起身后制服依然整齐。她说你来得这么晚啊，快洗洗睡吧。这让我恍惚觉得600年前的某个夜晚，依然是她接待了一个风尘仆仆的山货商人。快去歇歇吧，走这一天也累了，房间有热水，还有温暖干燥的床，一个温暖的春天的夜晚即将盛大而隆重地降临，多么好。

深夜进入楼塔的时候，我想起了鲁西迪的一部小说《午夜之子》。这部小说让鲁西迪获得了国际声誉，并使他与加西亚·马尔克斯、米兰·昆德拉、君特·格拉斯等世界级大师并驾齐驱。毫无疑问，这是一部气势恢宏的作品，时间的跨度有60多年，但是我要承认，我之所以想起了这部小说只是因为这个书名——我在想如果有一个人要成为楼塔的“午夜之子”，那么这个人会是谁。

鲁西迪这部小说的第一章是“中间开洞的床单”。那是医生为一位年轻的女患者检查身体时唯一被允许进行观察的窗口。“大夫先生，我的女儿是规规矩矩的姑娘，这就不用说了。她的身体不能给陌生的男人看到。”

“格哈尼先生，要是我看不见她，那么您说我怎么样给她治病呢？”

“麻烦你告诉我需要检查哪个部位。”

就这样，在1915年的克什米尔，作为医生的阿齐兹，也就是萨里姆的外公，从德国学成归来后，通过一个床单上的直径7英寸的圆形窟窿结识了地主的女儿，她后来成了萨里姆的外婆。他们通过一个中间有洞的床单，以看病为名义，谈了3年“恋爱”。

这是一个看起来很美妙的爱情故事。美妙就美妙在，一个直径7英寸的圆形窟窿其实在无形之中具备了放大镜、潜望镜和聚焦镜的作用。有点儿像盲人摸象，但是他每一次观察都会有一个全新的视角，并且得到一次截然不同的资讯，它们看起来完全不同却美妙无比，使人浮想联翩。

如同在凌晨进入楼塔，一个火把所能照亮的局部毕竟相当有限，即使在数百年之后，一辆行进中的汽车配备的两盏3000多流明的氙气大灯也只能照亮这个古镇的极小部分——几乎不比床单上那个直径7英寸的圆形窟窿大多少。对于过往的历史，我们都是那夜间行进的人，我们所能依靠的也仅仅是一个圆形窟窿而已，更多的时候我们甚至不如医生阿齐兹幸运，他所能看到的那个身体的部分至少还是实实在在、如假包换的，而我们所能获得的却是只言片语、一些皮毛、半段传说，你很难相信它们真的就在那里，更别奢求还能带上一点体温。

但是这样一来我们反而轻松，作为一名在黑夜中进入楼塔的过客，我们当然有些无从下手，但是这又何妨。这7英寸里的微观世界是扎扎实实的，它将为这庞大悠远的历史提供最具可信度的一幕。

我想，如果要有一个人挺身而出成为楼塔的“午夜之子”，那么一定是楼英无疑。

楼英是一名医生。在600多年前的元末明初，楼英往来乡间，采药煎汤，为百姓行医，足迹遍及苏浙皖鄂等地。这样一位杏林圣手，一直备受民众的爱戴。而我，在饱饱地睡过一觉之后，要在第二天上午才能走进楼塔古镇那座专门用来供奉先祖名医楼英的祠堂，才能更多地知道关于楼英的事迹，才知道楼英因妙手回春的医术而被当地百姓称为“神仙太公”。

楼英祠堂始建于民国十七年(1928)，到了1986年，当地村民还集资修缮，建成了楼英纪念堂。2004年7月，楼英祠堂成为杭州市文物保护点。由此来看，时光虽然过了六百多年，但良医自能名垂青史，受人尊敬。楼家三代行医，到了楼英这代，也算是世家了，应该能出个人才。他总结前人医道，耗时30余年，编成《医学纲目》40卷、《内经运气类注》4卷、《仙岩文集》2卷等，轰动了整个医学界，这些著作亦成为明清以降医家必读之经典。

据说楼英的医术还惊动了明朝皇帝朱元璋。我就听到了一个传说，相当有意思。说是有一次，朱元璋的发妻皇后马氏得了重病，御医百般诊治，方子开了不少，效果就不明显。朱元璋急呀，下诏遍求良医，后来终于有人呈报说萧山有个郎中叫楼英，有起死回生之术。一道圣旨下来，楼英进京给马皇后看病。

且说楼英为马皇后一番诊查，见其脸色青黄，得的并非什么疑难杂症，不过是积食引起的脾胃不和，只要用大黄、莱菔子这类极普通的药就可治愈。然而他一看太医们开的方子，尽是人参、灵芝、鹿茸之类，心想皇后是千金之躯，若是只用些低廉药材，治好倒也罢了，万一有个什么闪失，定将大祸临头。正在此时，皇上驾到，楼英跪拜之时，瞥见朱元璋皇袍上有一块玉佩晶莹剔透，闪闪发光，不禁心中一动，开方写下：“莱菔子三钱，皇上随身玉佩做药引子。”

马皇后的病就这样治好了。朱元璋大喜,留楼英在太医院任职,楼英在太医院通读了皇家珍藏药典,医术更为精妙,也为日后著书立说打下了基础。

关于楼英的种种传说,至今仍流传在楼塔人的口中,随便在古镇里与一位老先生闲谈,他张口便能为你讲出楼英的两三个故事。要不然,楼英作为“神仙太公”的美誉又从何来——这是根脉深远的民众基础,也是世代相传的民间口碑。

那么,为什么我要说楼英是楼塔的午夜之子呢?理由不言而喻——如果你回到600年前,在某个深夜进入楼塔,月光照在檐下,马蹄声的的敲打在青石板的巷道上,或者你顶着风雨在黑夜之中前行,说不定就会遇见那么一个背着药箱扎着头巾的郎中先生。你看吧,他背着药箱的样子有些负重,身形也有些焦急,那些个夜晚里大多数人都已经酣然入睡,而唯有他,依然踉踉跄跄,奔波在一个又一个黑夜之中。这对于他来说太正常不过了,只要接到一个口信,不管外面是冰雪漫天,还是暴雨狂风,那也没有二话,他吃力地撑起一把伞,转身就消失在了沉沉的夜幕当中。

油绿色的楼塔

萧　耳

去楼塔镇是一个月前的事了，日子每天过得急促，像拉洋片似的，一幕幕地变幻着，一个月前的地点、物事，竟也模糊起来，只像印象派画中的小镇一般，楼塔是一个油绿色的镇子的轮廓。

油绿色比翡翠色要深许多，也沉稳许多。是草木生长到最茂盛时泛着油光的浓绿。我们进入楼塔时，正是这样的季节，这样的有情世界。

之前，我从未去过驱车不过一个半小时的楼塔。对于我这种在江南居住过十八载的曾经的小镇青年，任何一个小镇，都不会令我有惊异的表情。因江南小镇的模样一直存在于我的午夜梦乡。方圆几十里，人口一两万。老房子、窄弄堂、青石板路、惬意的老人、调皮的孩子、埋头干活的男人、嗓门有点大的妇女，猫啊狗啊，是宠物又不那么被特别地看重，鸡啊、鸭啊、泥鳅呀、甲鱼呀，夏天傍晚家门口空白地的吃饭小桌子，比起女人来不擅言谈的男人的杯中黄酒，春夏时街口叫卖白兰花的吆喝声。

楼塔，我确实是在那里停留过一夜的。那一夜也不是徐志摩记忆中的翡冷翠的夜，翡翠色的、浪漫的，那是普普通通的仲春之夜，街上的灯不太明也不太暗，夜色下，传来旅馆对过几家街边铺子打烊的声音，狗叫了几声，猫也叫了几声。风吹来，不冷不热。从窗户口望下去，小镇的人们从从容容地走路，一天里最后的购物时间，吃一碗打卤面的夜宵结束这春天里的一日。街灯衬得夜有点瑰丽，灯火阑珊的老街也给了初来者一些不寻常之感。外来客的丰富嗅觉，总是超越了此地居民日日寻常生活的范畴。

夜里9点之后，镇子更静了。外来客有种“独在异乡为异客”的空虚之感，就想起一个叫许询的东晋人物，他曾经在楼塔镇境内隐居过。许询字玄度，祖籍高阳，寓居会稽，东晋文学家，好游山水，跟谢安、支遁等人游宴、吟咏，也曾参与兰亭雅集。东晋那样的乱世，多的是清谈家和竹林人物，许询就是这么一位有风致有才藻的人物。

9点以后的小镇夜生活不在街上，或许在不同的屋子里，楼塔人的喜怒哀乐在夜色的温情掩护下，一一地摊开了。楼塔的夜安静温和，有万千寻常日子流过的平静，此时一个人独处，如手边有一册《世说新语》，在其中找一找许询的身影，猜一猜他在当时的永兴县南百药山隐居的十年间，有过怎样的悲悲喜喜。有什么人会来拜访他的山居，春夏秋冬的四季里，他的山居柴门，是否有“僧敲月下门”，是否有过“柴门闻犬吠”，他是否穿着宽大的袍子与客人对弈清谈，他是否也会在某些早上，混入楼塔的市集吃一碗打卤面过早？还有，他是否有过一位楼塔当地的姬妾添香？

如此念念之间，寻常夜的楼塔，又似乎真实地不寻常起来。老街边桥下流过的急湍的溪流，似乎又要流到时间的深处去，一直要流到许询百药山濯足的水边。

楼塔的阿猫阿狗比起城里的猫狗是幸福的，因为还有十分宜居的沿街老房子给它们一整片屋瓦的天堂。楼塔的猫们盘踞在窗口，悠闲地看窗下的行人，过一会儿，它们可以像游侠那样，在屋顶的黑瓦间巡视尘间。

所有的人物中，唯有大姑娘最美。在楼塔，也是一样。江南小镇的女儿家，自然清新的打扮，不刻意时髦，三三两两走在春天里，走在水边上，更增几分好颜色。

我在楼塔的清晨，在一条溪水边、在一座石桥下转悠的时候，曾漫无边际地想，我故乡小镇的人物们如果换个时空生活，比如换到隔一条河的楼塔生活，他们的性情会发生什么改变呢？

不要小看隔了一条江的距离，我们从杭州过江去楼塔的路上，钱塘江上雾茫茫的，烟水浩阔，让人觉得这不是轻易能够跨越的一条江。从前很长的历史是隔江而治，江北岸是吴，江南岸是越。我从小生活的小镇是吴侬软语的吴之地，而江对岸的楼塔镇，已到了越国的地界。吴人到了越境，会发生怎样的性情改变呢？这种问题，细究起来，可真是要伤脑筋的。

每一个镇子，总有这样那样的集散。平凡的人与不平凡的人，在此间来来去去，你无法知道从楼塔离开的人，最远走到了哪里。对楼塔人来说，世事无常，他们见惯了不走出小镇而安身立命的人生，也见过离去的人天涯海角的惊涛骇浪。他们不紧不慢地穿街走巷，过早看戏文，生儿育女，在有阳光的好天气晾晒各种大头菜，制成了酱菜干菜后也卖到天涯海角去。

千把年间，这寻常的古镇，来了一位隐士，离去了一位红颜。这一来一去，基本上就是楼塔镇的“归去来兮辞”了。

离开的红颜，名楼曼文，是楼塔镇大户人家的闺秀，1908 年出生在萧山楼塔，其父楼卓夫是当地有名望的乡贤。在那个时代，像很多富家子弟那样，楼曼文经五四的洗礼觉醒了，于是走了出去，这一走出去真不得了，她成了当时的省立女子师范学校的一名女学生，天地宽阔了，她面前的是一个大时代，她懂得了

“革命”这个词,她从闺秀才女变成了一名新女性。她有一个女友叫杨之华,是著名革命家瞿秋白的夫人,杨之华也是萧山人。日后两位萧山女子的红颜遗事,各有各的精彩和跌宕。

那个时代的革命者也包括女性革命者,无论从中国哪个地域的富裕家庭走出的,她们的足迹里都有着共性,她们的人生道路也有一定的共性。楼曼文后来几乎是另一位“江姐”,不同的是江姐江竹筠被关在重庆的监狱,而楼曼文被关在新疆的监狱。她们都死于1949年的黎明前,不同的是,江姐没有能活着走出监狱,而楼曼文活着走出了监狱,拖着狱中被摧残的柔弱病体又为党工作了一段时间,因病去世。她的私生活也紧紧地与革命联系在一起,她的两任丈夫,都与革命有关。对于她这样的女性来说,爱情远不是生命的全部,但爱情却也是生命中重要的部分。她在狱中还生了女儿,在监狱中的女儿直到三岁,还没有长出头发。

如今的新女性要彻底读懂楼曼文这样一个江南小镇出身的姑娘,要走进她内心的最深处,并不是十分容易的事,不过我们可以从她的书信中,看看一个楼塔姑娘在走出小镇不久后,她曾经是怎么想的——

姊:什么家庭!简直是愁城。

姊:我回家后,父亲(有名无实的一个)还向别人宣布我有两大罪状:一违反父母的婚姻;二是社会的叛徒。哈!他的话太不过自己面了。为什么我的恋爱要他来参加呢?恋爱到什么社会及世界都是两个人的事。他哪有这种资格来管呢?我是社会叛徒,他是社会中的什么?可说是造寄生虫的工具,家里的人个个养尊处优，不知对社会有点什么贡献？哼！他自己不知道自己是社会中的罪人就罢了。还有这资格来说我吗？笑话！笑话！

在油绿色的楼塔的清晨，也是大姑娘最美。

如今又有多少个楼塔的大姑娘，身轻如燕，杨柳腰肢，人面桃花。她们身上有楼曼文这般炽烈的、勇猛的基因么？我不禁恍惚起来。自己回答：楼塔的女子，藏龙卧虎，有江南女子的仙，也有古越人的彪悍，不可小觑的呀。

吟卧楼塔不知还

莫　莫

两年前，我曾在楼家塔走完一整条小巷。当时的楼家塔还只是个简单的小村落，现代民房与古老建筑交织，穿行在小巷之中，和每一个你走过的村庄并无不同：对面走过的村民朝你善意一笑，行色匆匆的狗从你身后赶超上来扬长而去。

散养的狗对进入村庄的陌生人毫无戒备之心，或者说它们对陌生人并无兴趣。暮色四合，家家户户飘散出来的炒菜香味弥漫进小巷，仿佛归家的召唤。如果你像我一样，饿着肚子闻着菜香游荡在楼家塔，你一定会生出一样的想法：去，推开其中一扇门吧。

而我确实这么做了。临近傍晚，在小巷中穿梭，冥冥之中是谁在叫我等，混沌之间我似乎找寻着什么。最终，我进入一户老宅，灰色门楣字迹模糊，几株鲜嫩的植物嵌进墙内，头顶黄色小花随风摇摆。门洞高深，横梁上堆满了旧木头，散发着历经岁月的古老气味。穿过门洞，虚掩的门内透出一抹豆黄的灯火，有老妇哼唱的旧歌声从门缝里倾泻而出。

从门前转身，就是一方七八平方米的天井了。观音竹撑开手掌欲朝穹苍发射，而归家的鸟儿则用了一种归箭的姿势；细碎的小植株在暮色之下更绿了，显得越发精神抖擞；马头墙上方挑高的屋檐好似昂首阔步的马匹，晚霞稍纵即逝不留一丝遗憾；时间的爪子挠着灰墙上百年的石灰和青苔，很像一段段剥落的历史对白。我好像在一个古老的天井之中发现了生命的意义。

身后老太太的询问声打破了我的冥思。她并没有对一个陌生的拜访者保持警惕，相反，她看起来显得轻松且欢乐。“那是一盆兰草，有人从楼塔山上采来，我讨了一株。”她指着石条上一个灰盆对我说。然后她热情邀我留下吃饭：“我一个人，准备了两个菜。”这样的场景后来深深留在我的脑海之中，回忆细节仍历历在目：我立于天井中央，82 岁的老太手扶着门框，满眼期待，从屋里溢出的饱满饭香让我忍不住咽了下口水。

我说我在等一个人，但其实我并不清楚我在等谁。她告诉我她也在等一个人，很多年了，离开以后就不知道回来的一个人。到了夜晚，她就穿过老街去洲口桥上等，从洲口桥无论是望水还是望天，视野都无限宽阔，可以让浮躁的灵魂平静下来。

我知道楼塔的男人骨头里绷着钢筋，说一从来就没有二，非常豪爽江湖。等一个楼塔男人回心转意是一件非常辛苦的事情。后来我还特意为她写了一首诗，《洲口桥》：“月光有了刀的颜色／ 我立于桥上／ 左手是刀刃，右手是刀背／ 桥畔的水声／ 洪亮且易产生杀气／ 仿佛时光的鞭子驱赶一千匹良驹／ 人水合一的境界／ 只在梦里出现过一次／ 后来人有了归处／ 水也有了归处／ 此时我看到北斗七星被夜幅划碎／ 掉落到水面上的鳞光／ 不止七片。”

后来我也做了好几个梦，水面上星月点点，洲口桥闪着刀光，一个身影顿时变成了两个。

两年以后的一个四月，与上一次的四处游荡不同，重返旧地寻访的我带着别的目的。我诧异于当年走过的那些朴素的小巷其实是一个千年古镇的弄堂，这个在萧山最南端与富阳、诸暨的交接之处在历史上十分有名。

下榻的宾馆在古镇外围，离洲口桥不远。入夜，同行的伙伴结伴去夜探牌坊和老街，传回的夜景照片里，古镇的建筑因为有了红灯笼的衬托显得复古且温暖，高耸东大门，牌坊上“楼塔镇”三字苍遒有力。我一人则在靠近宾馆附近的田野，天地望之辽阔，虫鸣声滑，蚕豆藤蔓正努力顺着杆子往上攀爬。在楼塔的田野你能闻到自由的气味。这也是楼塔人个性里的一个特点，如果一个楼塔人的灵魂从小自由，长满棱角，长大以后他就绝对不会变得圆滑。

次日进入老街，老街的变与不变皆令我惊喜。变的是当年的杂乱被收拾一空，道路略做清理拓宽，新房与老屋的外貌做了修饰融合，整个老街开始呈现出一种民国风情；不变的是小巷依旧是当年的小巷，旧时容貌依稀可辨。街边铺子不紧不慢地做着生意，你来与不来，物品都摆出放在门口。也不讲究，一家卖着塑料百货的小铺子门口，整齐地码着瓜秧小盆，阿姨得空跟你指一指，南瓜、葫芦、黄瓜秧。有人问城市居民小区的高楼里怎么种植它们？旁边就有高人指点：买回去当盆景看个绿也好。

村民还是过着悠闲的慢生活。阿猫潜伏在阁楼的窗台上，在你经过时起来像曼妙女子一般伸个懒腰，再朝你假装不经意地瞄上一眼；阿狗朝你开玩笑似的吠了一声，转身就把尾巴摇得像个鸡毛掸子；还有人在外墙上钉了竹篮子，让几根青草夹着瘦瘦的黄花探出脑袋来。

此行的目的，除了感受楼塔镇的整体风貌变迁，最主要的是要在楼塔那么多生动的人物故事——东晋许询归隐深山、吴越王钱镠其甥楼晋驻守楼家塔发家、太医楼英辞官归乡造福、革命者楼曼文事迹中，找寻到最让我感兴趣的那个许询归隐山林的故事。

楼塔岩上有一座仙岩山，山下怪石如倒置的旋螺，当地人称之仙人石，石下龙尾巴潭，传说东晋许询不愿为官，散尽家财躲进百药山的仙人洞里，没事在山里采药或下山到龙尾巴潭垂钓。“何如石岩趣，自入户庭间。苔涧春泉满，萝轩夜月闲”，过着真正的隐士生活。王羲之、谢安石、桑门支遁都可能到过楼塔，找他“言咏属文，游弋山水”。舍宅建寺的许询，治病救人的许询，才华横溢又淡泊名利的许询，闲云野鹤的许询，令楼塔的神秘感又蒙上了一层缥缈的仙气。以至于我想到离开的那些楼塔人，或者可能从来没有真正地离开过呢，他们也许是上了百药山去追寻许询的足迹。

行至后来，我特意避开同行的人，去找了找我记忆中的天井，感觉像是回到故居。真好，老墙门还在，马头墙还在，石条上的兰草也还在，房门闭着，门口摆放物品较之从前更整洁了。我不知道老太太的等待圆满了没有，但是能在这么美的楼塔等一个人，本身也是一件幸福的事情。

旧来溪水话楼塔

陈亚兰

那是月光皎洁的夜晚。下车，第一眼见到的是，一条很宽阔的溪流睡在大山边，跟山村一样安静。在月光下，溪水吐露出一缕白一鳞黑的波光。

夜间听水很有意思，水声很长很长，长如在喊我的名字。

跨进山里人家，墙上的字画墨香四溢，转身，见八仙桌上，堆得满满一盆热气腾腾的土肉包子，包子收口处捻得非常精致，一棱棱倒像是工艺品。扑鼻的香味已在我唇齿边萦绕。这是萧山画家楼老师家属为我们亲手做的。

想当年，我怀有一种名出有据的喜好。杭州六和塔、保俶塔，西安大雁塔等，叫塔肯定有塔，还有故事的由来。则初到楼塔，无知的我四处张望找起了塔。结果找了半天没见有塔。我问了溪边走来的村民：这山里塔在哪里？哪知回答的是语音上的误解：这山里汏菜在溪坑里。少见多怪的我惊讶了，惊讶的并不是文不对题，而是我把溪坑误以为河。也好，长了点知识。

后来，我虽说去了几趟楼塔，脑中盘旋的总是一条宽阔的溪流，依着大山。想象中，山与溪流更像是山里的男人和女人，男人挺拔俊豪，憨厚结实，很少有城府；女人柔美玉洁，文静淡雅，天生的朴素。岩石蓄积的一点一滴悄无声息地捎给身边缠绵的小溪，让小溪天天唱着欢歌环绕大山滴滴撒娇。难怪山与溪总是连在一起，天长地久不离不弃，成了自然界一派古老的天生丽质。

说起楼塔，王老先生介绍，公元 897 年，先祖楼晋在溪南肇基发族，起名楼家塔，这是楼氏家族的地方。在我心里梗着多年的楼塔命名，总算有了由来。来去匆匆的我见过这条溪流数次，今天才知道叫洲口溪，那边的山叫百药山，路口立着的山石叫仙人石。东晋初年，王羲之撰写《兰亭集序》时，在座之一的文学家许询先生，因不愿为官而隐居在此，经常在此垂钓。传说许询在此羽化成仙，这垂钓之石便被人们称为“仙人石”，垂钓的水潭也被叫作仙人潭。溪上的桥有洲口桥、龙潭桥。溪水边有钱镠十八道斧迹的传说和医学家楼英济世的故事，更有为中国早期妇女运动做出贡献的楼曼文的“青春之歌”，也有祈雨寺里“神仙太公”的故事和“半年节”的风俗等。想不到一条洲口溪不仅驻留了两边的景，还堆满了村庄的人文故事。

今天看到的依然是那条从远古走来的大溪坑，静处安好，动处吟啸。而喜欢沿溪镶嵌的村庄，正在从老镇中脱胎换骨出来，悉心营造的一幢幢青砖黑瓦复古似的小楼，跟楼塔人一样实在，嚼着岁月的味道，留着古老的温存。春风忽悠忽悠丈量起大溪流的长度，溪边颤动的小草，以热情的舞姿招呼着我们。我真想一口气吞进这里的全部。深深呼吸中，肺腑里满腔清爽。

我明知道这么宽阔的溪流我是不可能把它带走的，也不可能乍来就看个够，只能绕行于溪边。在激荡不已的感触中，自问：哪里还有必要去远足看风景踏古镇？该有的这里都有了。

听着大禹治水的颂歌“细十番”，弹拨吹拉的古韵，沉淀了楼塔民间深厚的文化底蕴；楼英济世的传说，是楼塔数辈人难以忘怀的记忆，也是楼塔的前辈们在几多风雨中，踏着沉重脚印走遍千家万户为民采药治病的精神。如今,整个楼塔街道蘸满的文化韵味,当然不是空穴来风。

从溪边走来的,不再是一张张画满沧桑的脸,一双双饱经风霜的手。哪里还有为了一对春联在寒风里等半天,伸出僵着的手把它托回家,以作新年祝福的景象?现在镇上的书画院,你要的祝福随时张口都能被满足!

这彻底颠覆了我对楼塔原有的印象。这里有着外人不可想象的美好,在这条溪流的宽阔中,容纳了这么多文化名人,折射出这么多的文化古韵。

楼塔村庄沿溪流伸展,确实意味深长。来往的人流,跟溪流里晕起的微波,漾开再相聚!

蝶变的楼塔,仿若家庭中培养出的有出息的孩子,一步一步走了出去。现在的楼塔,是萧山的,是杭州的楼塔;是浙江的,是江南的楼塔!

楼塔镇所见

方　淳

第一次听到楼塔镇的名字，心想，镇上一定有楼和塔，到了楼塔，才知道，这里的“楼”，指的是楼家人，这里延续着楼氏家族的血脉和香火。查看“楼”氏的来源，发现源流有三：一说是出自姒姓，二说是出自古代少数民族姓氏，三说是出自北魏盖楼氏和贺楼氏。楼姓人口主要分布在浙江省，包括杭州、宁波、金华、丽水、诸暨等。萧山楼塔镇，毗连富阳、诸暨，被称为仙岩楼塔。这里的楼家人，自称仙岩楼氏，为大禹后裔，原姓姒，公元前1600年前，夏末王的儿子仲和、仲礼为了避乱，改姓“娄”，隐居会稽；公元前1044年，周武王遍寻尧、舜、禹后代，在会稽寻得娄云瞿，其为大禹36世孙，武王高兴地说“无木不成楼”，赐木为“楼”，封楼云瞿为杞国国君。

在古镇串街走巷，给我们做介绍的就是楼家人，看上去60来岁了，他们的普通话带着当地语音，发音多为入声，是萧绍语系的特征。同来采风的一位同伴说，我们今天是从吴地杭州来到了越地。是呀，一方水土养一方人，楼塔镇就有着典型的越文化。

楼塔镇的建筑，与富阳龙门、桐庐狄浦、淳安芹川大抵相似，是民国时代典型的江南建筑，白墙黑瓦，小桥流水，曲弄大院。如今，据闻楼塔融资了一个亿，给当地建筑做了修复。于是，江

楼英纪念堂

南越地又多了一处古建筑景观村落。

让我印象深刻的是新修复的楼氏祠堂和楼英纪念堂务本堂。楼英是明代著名医学家，为明太祖治病，被赐官太医，他的幼子宗望也曾为明成祖看病，有“父子医师医父子皇帝”的美誉。这些年，似乎各地都在恢复传统旧迹，令人联想到时代的变迁。我们这些“70 后”，是从父母口中听说 20 世纪 60 年代“破四旧”的岁月的。昨天，我们砸碎旧世界，建立新秩序。而今天，人们早已理解祖宗传承的意义。取其精华，弃其糟粕，才是对待旧文化应有的态度。于是，各地都在修复祠堂，这油漆锃亮、悬挂着各色匾额和对联的下祠堂就是其中一个。下祠堂始建于元末，最早称“下宅”，是仙岩楼氏东派的家庙之一，供祭祀祖宗和安放排位所用。层层叠叠的对联和匾额当中，既有当地乡村知识精英的作品，又有从外征集、邀请的字样儿，有“德范永照”“世泽长流""源远流长"等。

走到一面墙壁前，见上面镶嵌着一块铜璧，原来是一封居于台北的楼塔人楼文渊写给连战的信，信中楼文渊介绍了自己家乡楼塔，他想在镇古石桥前的牌坊上，增镌"唐代古镇楼家塔"这么几个字，借以宣传古镇历史，彰显祖德，希望能够得到连主席的墨宝。两岸统一，是海峡两岸共同的愿望，一封书信，寄托了远赴台湾地区的楼家后人对故乡的眷眷思念。

楼塔的建筑，与江南其他地方的古镇一样，门额上保留着当地的书法艺术。宅前厅弄 5 号是一座坐北朝南的院落，石制门额上写着"视履考祥"四个字，这四字出自《易经》，意思是说，处于人生艰难跋涉之途的君子，应该经常检视自己走过的道路，并考察前途可能出现的新情况。中祠弄 32 号的庆善堂建于清乾隆年间，建造人楼允文是一个贩马商人，这座建筑所有的门框、门槛、门楣都是石条，窗户都有镂空石雕花鸟，布局典雅。古时候，家家户户都立有墙界，走着走着，我们发现了房子基角立着的界碑，刻着"楼履安界"。古时候讲究家族聚居，下街 17 号建于乾隆年间，是一座三进五间两弄的大宅子，家族从清末起，七代人同饮共炊，合而不分，称为"合义"，家族在楼塔老街开设"合义酱园"。

楼塔，地方并不大，却是名人辈出。墙上，一个个回字花纹的崭新木框里，展示着这一方水土曾经涌现的英魂，他们既有革命者、抗击日本侵略的勇士，也有起义军领导人、大学士、儒学先贤，也有为民服务的封建官员，还有著名的良医、画家。他们的名字连成串，排成整齐的一排：楼曼文、楼维清、楼晋、楼邦、楼寿高、楼齐贤、於善、楼英、楼殿英、楼秉台。弹丸之地，却能涌现如此众多的先贤英烈，不由令人驻足感叹。无疑，这跟楼氏家族的家风教育与传承是息息相关的。

楼曼文纪念馆就在楼塔标志性小广场的左侧，时代塑英豪，和平的年代，楼塔人出大儒、出画家、出医生；风起云涌的时代，就出起义的领军者，出革命先烈。楼曼文，是楼塔镇雀山岭村徐家店人，1908 年出生，至 1949 年中华人民共和国成立前几个月去世，中共地下情报工作者和妇女运动先驱，1952 年被追认为烈士。这所清末大宅院，是 2018 年新改建的，600 多平方米的空间里，浓缩了楼曼文短暂而又光辉的一生。她走出楼塔，从省立女子师范学校起步，参加杭州学生联合会，加入共产主义青年团，又到浙工大预科班学习，在上海认识蔡叔厚，受党中央和共产国际远东情报站安排赴日本工作，又去莫斯科列宁学院和共产国际党校学习，后回国抗战，滞留新疆，在女中任教时，与方志纯结为夫妻，后被新疆军阀盛世才关押，展开监狱斗争，被营救后回到延安中共中央社会部政策研究室做研究员，又参加了晋西北一带的土地改革，最后在西柏坡去世。楼曼文出身富家，却与家庭决裂，投入革命。纪念馆里，楼曼文的雕塑秀丽朴素，另有一幅油画，描绘了她学生时代断发反抗的情景。她的一生，是那个战火纷飞的时代，无数革命女性人生的写照。

楼塔的革命志士，还有一位楼维清，住在前溪弄 6 号，因为拒绝为日寇做挑夫，怒斥鬼子，被残忍地杀害。国民党高级将领张治中亲笔题写“成仁取义”匾额，挂于中祠堂内。

走到楼秉福于 1940 年建造的义厅弄 12 号，2018 年 11 月 28 日，这里已经建成一座李可染画院楼塔艺术中心。我想，生活在楼塔的子孙们有福了，我们在乎的并不是艺术中心有无真迹，而是因为这样一座大师级的艺术中心的落地，将产生关于艺术感知的巨大辐射力。联想到乡村长大的自己，在成长岁月里，喜欢流连于供销社柜台，为省下点钱买一本书；要颠簸两天才能来到城市，看一场关于艺术的展览。即使在相对繁华的县城，这样的艺术中心曾经也稀有。这是渴望艺术熏陶的我们这代乡村娃深深的遗憾。然而，楼塔镇的子孙后代，从此以往，随时可以感受大师的国画艺术。从小有无艺术熏陶，将决定这些乡镇村庄娃今后的人生选择与审美素养。越地经历了经济腾飞弄潮儿的时代，今后，将会涌现愈来愈多文学艺术从业者。越地不仅富饶，还会变得美而富有沉淀。

古建筑之间，有一个容纳数百人集聚的小广场，由方石铺砌，“楼塔”两字则编织在一个巨大的竹匾上。竹匾，是江南家家户户少不得的竹器，用以晾晒各种干菜、菜蔀头。我们经过一个空旷院子的时候，里面晾晒着许多竹匾，有笋干菜、苋菜干、菜豆干。楼塔这一带的菜肴，多清蒸，蔬菜、鱼、肉，都用来蒸，咸淡适宜。我爱吃的是蒸鲜肉和蒸四季豆，四季豆，别的地方大多炒着吃，这儿却蒸着吃，色泽翠绿，入味入心。一碗菜蔀头汤端上来，看上去清水寡淡的样子，喝起来却有一股菜干自然的鲜味。青年时候读书，曾有两个富阳同学，他们曾坐火车赶往远地敦煌，怕异地水土不服，就听从家里人的话，带上一袋子菜干，沿途泡水喝。这菜蔀头，可不仅仅只是菜干，那是家乡水土滋润出的物产，喝了它，你走到哪里都不会得病。瞧，菜蔀头里学问大着呢！

其实，古代的楼塔人还精通音律。公元 1377 年，楼塔的宫廷御医辞官返乡著《医学纲目》时，与当时楼塔的一批善音律的文人墨客、富家贤士，经常吹弹各种乐器，演奏各种古典曲目，楼塔“细十番”由此而生。数百年来，“细十番”因曲调幽雅、悠扬悦耳而深受当地人的喜爱，20 世纪 50 年代曾在省民间音乐观摩演出中获得一等奖呢。

细十番表演

水袖飘飘楼塔镇

涂国文

到达楼塔镇时，已是黄昏。

这是我第二次抵达楼塔镇。说“抵达”，是因为一年前，也是四月，我参加浙江诗人萧山采风活动，终点就是楼塔。那次我驱车两小时，一路风尘，跟随采风大巴，刚一到达楼塔，就被一个电话唤回杭州了。这次是为二访古镇，所不同的是，这次是为散文采风。

下榻的宾馆在古越路上。晚饭后，我们十几人出宾馆，朝左拐上钱镠路，向着新洲口桥对岸逶迤而行。夜色如水，路上影影绰绰，抬首望去，高高的路灯下，一块蓝底白字的“钱镠路”路牌反射着灯光，一头指向黑暗的身后，一头指向灯火明灭的前方，让第一次来此深度游的我，心中顿生幽渺的历史之感。

对楼塔，我是有亲切感的。从中华宗族谱系来说，楼与涂，为姑表亲。楼为禹裔，原姓姒，涂乃禹王之妻涂山娇家族后裔。因此历年祭大禹陵，楼与涂，都在受邀之列。楼塔建镇，缘于楼氏，距今已有1120余年。史载唐末藩镇割据，战乱频仍。浙东观察使刘汉宏发兵屯于钱塘江边，图谋兼并浙西，钱镠领兵，大挫刘汉宏，令外甥楼晋驻守洲口溪畔，遂有楼塔。

穿过高高的“楼塔镇”牌坊，我们走上了新洲口桥。桥而曰新，是因为在它的下游不远处，有一座老洲口桥，是古时越州(今绍兴、萧山一带)、睦州(今淳安、建德一带)间的交通咽喉,属萧富古道的必经之路。为保护老桥,前几年,楼塔人民修建了这座更为宽阔雄伟的新洲口桥。驻足桥头,远眺洲口溪上游,尽管夜色朦胧,但我依然仿佛看见,一条虚静之龙正撞碎夜色的黑玻璃,贴着河床,向着洲口桥游来;走到桥对面,凭栏俯瞰桥底,一匹银练正漫过低矮的长垱,向着下游流淌而去。洲口桥就如一架永远不知疲倦的织机,源源不断地纺出"哗哗"的歌谣。这歌谣向着远处飘荡而去,在夜色的底部,闪烁着晶亮的碎片。

逐水而居,是人类的生存本能。当年奉命驻守楼塔的楼晋,正是因为见此地溪深水媚,山明林秀,可耕可樵,可汲可漂,才于此肇基发族;东晋名士许询,正是因为见此处山幽涧碧,风光旖旎,竹苞松茂,四季青翠,才策杖披裘,从会稽山阴来此隐居,凭树构堂,萧然自致,最终在此羽化而登仙。如果把楼塔比作一个戏剧舞台,那么新洲口桥就是一位青春花旦;穿桥而过的洲口溪,就是她飘舞的水袖;而飞珠溅玉,则是她余音袅袅、不绝如缕的唱词。

楼英村得名于元末明初从楼塔走出的一代名医楼英。楼英所著《医学纲目》早于李时珍《本草纲目》100 多年,他曾因给朱元璋军师刘伯温治好了顽疾而名声大振。过新洲口桥,眼前出现了一条整治一新的老街。街道上除我们这一行夜游者,行人寥寥。两旁的店铺门扉都紧闭着,高高的马头墙,灰影幢幢,远远望去,就如一只只停栖在屋顶的夜枭。两旁的路灯和屋檐下三三两两垂挂着的红灯笼,将我们脚下的道路,照得一片光明。

街道边的一条水渠吸引住了我们的目光。水渠不宽,应该不到 2 米,依地势,每隔一段距离,就横陈一块条石进行拦蓄。清澈的水流从远处缓缓地向着我们流来,又悠悠地漫过条石,向着下一段水渠汩汩流去。我蹲下身子，仔细察看有无游鱼，期望上演一出微型的“鲤鱼跃龙门”。许是时间太晚，游鱼也早已歇息了，没有看见一条鱼的踪影。谁知第二天再来看时，却见游鱼如织——当然这是后话。

陪游的萧山区作协主席俞梁波先生告诉我们，这条水渠，属于楼塔镇引水入街工程之一。在整个楼塔镇，这样的水渠，穿街绕巷，四处可见。沿溪拆违，引水入街，编织由河、溪、渠组成的水网，恢复唐代水系，让古镇变得灵动起来、雅致起来、飘逸起来、蕴藉起来。“四周山色九曲溪”，水是大地的血液、民生的财富、生活的美学和生命的韵致，有水，楼塔才能成为清水古镇。

我们在七曲八拐的小巷中穿行着，一边走，一边读着两旁老宅台门上的匾额，诸如“聿修厥德”“日升月恒”“绳其祖武”“贻厥孙谋”等。这些老宅，一色儿明清时期的建筑风格。虽是夜色迷蒙，凑身上去辨认，还能看出门环上套着的铜锁，上面长有麻黑的锈斑。而那些木质窗棂上雕刻的蝙蝠、梅花鹿之类的图案，也有月下甜憩的意蕴。古镇睡了，似乎能够听到它轻微而均匀的呼吸声。巷子里路灯朦胧，间或有一两只猫从巷中蹿过，也不叫唤，“呲溜”一下就消失了。成片的马头墙、成片的瓦当，像一排排小型盾牌，在夜空列着阵，似在守卫着老宅们的酣梦。这样的夜晚，在这样的古镇，是最适合玄想的。

第二天一早，在街头小店用过早餐后，我们二游古镇。白天的楼塔，“一切都大白于天下”，呈现出一种有别于夜晚的景致。整座古镇，格局保存完好：连片的老宅，纵横的小巷，蜿蜒的鹅卵石路，幽深的院落，雕梁画栋的祠堂，如洇水墨的墙体，风雅深奥的台门题名，古朴精美的木雕、砖雕和石雕……每一幢老宅，都展现着一种苍郁的历史感，似在诉说千年时光。古宅如扇，小巷似袖，我们在古镇上演的情景剧中徜徉，先后参观了老洲口桥、楼曼文纪念馆、楼英纪念堂、李可染画院楼塔艺术中心等景点，并看到了清代的捷报和旗杆石等实物。

正在游着，忽然有人说："太寂寞了，怎么巷子里没有播放音乐啊？"众皆恍然大悟般叫道："是呀是呀，要是在巷子里布设音箱，放一放楼塔的'细十番'，我们一边游览，一边欣赏音乐，该多好啊！""据说有表演的！"又有人这样说。"啊？那我们一起去听听演奏！""今天没有！"刚刚燃起的希望瞬间被扑灭，大伙都有点沮丧，话题不由自主地便转到了"细十番"上。

"细十番"是一种合奏乐，由笛、管、箫、弦、提琴、云锣、汤锣、木鱼、檀板、大鼓十种乐器合奏，可奏各种乐曲。史载公元1377年，楼英辞官返乡著《医学纲目》时，常与楼塔一批善音律的文人墨客、富家贤士雅集，吹弹各种乐器、演奏各种曲目，楼塔"细十番"由此而生，现为首批国家级非物质文化遗产，镇上还专门成立了由民间老艺人组成的乐队，每周开展活动，每逢重大节日，义务为人们演奏"细十番"乐曲。

没有亲耳聆听到楼塔民间老艺人表演的"细十番"，殊为遗憾。不过好在有手机，我当即点开浏览器，输入"细十番"三字，屏幕上马上跳出"楼塔'细十番'音乐在线收听"字样，再点击进去，便见到喜马拉雅上的"细十番"表演音频。点击播放，一曲犹如天籁般的乐曲便悠扬飘出，那般幽雅悦耳，那般盛大雍容，犹如一座音乐的热带雨林呈现，令人迷醉。听完一曲之后，我又查阅了"细十番"的有关资料，获知"细十番"只是"十番"的一种，还有一种叫"粗十番"，粗细"十番"流传至今已有千年历史，主要内容为歌颂大禹治水的丰功伟绩，表达人们对美好生活的憧憬。

看完"细十番"的资料介绍，我小小地悸动了一下：看来这楼塔古镇，与水实在是有着不解之缘啊！连诞生在这儿的音乐，冥冥之中也选择了内容与治水有关的“细十番”！可见当年大禹治水对后世的影响之大，亦可见楼塔的命运确实与水息息相关。水竭镇衰，水沛镇兴。我这么想着，眼前便又幻化出当年大禹治水，“三过家门而不入”，他的妻子涂山娇身披白狐裘，伫立在家门口，深情地吟唱起“侯人兮猗”，盼望丈夫功成归来的动人一幕。

水袖飘飘楼塔镇。如果说，江河溪渠是她的一只水袖，那么“细十番”音乐便是她的另一只水袖。在遥远的古代，楼塔这位秀美的女子，凭借着指、腕、肘、肩四者的协调与统一，舞出了一个魅力四射的古典传奇。在中国特色社会主义新时代，她一定能凭借强大的协调力和扎实的表现力，更加行云流水，舞出更加动人的世纪风采！

烟火老街

陈于晓

楼塔溪依旧，临着老街，水面开阔。过了溪上的洲口桥，就入了楼塔老街。到过楼塔老街好多次了，每一次，都有一种“新”的感觉。经过这些年的整治，原来的“残砖断瓦”不见了，老街的面貌已经“焕然一新”。自然，这种“新”，是修旧如旧的“新”，老街在骨子里，仍然是旧的。

其实一晃入老街，仿佛时光就一下子老去了许多。是的，是“晃”，步子一晃，就带上一种“恍恍惚惚”，风吹拂在脸上，就增添了旧年的韵味。老街、老巷、老弄、老宅、老商铺，老的事物，总是蕴含着一份“沧桑”，沉淀着一份厚重的“回忆”。老街若是整治得恰到好处，这“新”与“旧”，就会这么和谐地相处着。你明知道这路是新修的，这青石板是新安上去的，这墙壁上的花花草草，是新长出来的，这砖这瓦，也有着修补过的痕迹，虽然这些，你都看得出来，但角角落落，散发着的依然是“老”的气息。

也许老街的韵味，就在于这无所不在的“老”。我不清楚整个的楼塔老街，长什么模样，那需要借助于一个“高度”，才能看得到。但我现在，身在老街，就识不得老街的真“面目”了。我在街巷中走着，就像走在迷宫。横街和直街，视野开阔，可以望得远一些，这一远，街就深下去了。但更多的是小巷小弄，你走着走着，就得拐个弯抹个角了。如果你不加仔细辨别，一味埋头走路，过上一会儿，抬头一看，又回到了刚才走过的地方。不过想着“拐弯抹角”，其实也挺富有“情趣”的。你想，你刚刚与她擦肩而过，转个弯，又与她迎面相逢了，这算不算又一次邂逅呢？其实老街不大，仅仅0.5平方公里，人在老街穿梭，何处不相逢呢？

老街不大，里弄倒是不少，30多条，结在一起，像一张蜘蛛网。老街是张蜘蛛网，蜘蛛是时间的“隐喻”。我指望着能从某个墙角，或者某个老屋檐下，找到一张蜘蛛网，但总未能够，老街太整洁太干净了。不用找的是，在墙角和墙上，或者屋檐下，时不时地，会有一束花草垂挂着，会有一些老物件入眼帘，或者也会缀满了张灯结彩的“楼塔灯彩”。这一切，就像一首首明朗的小诗，看似无意，却是精心“摆设”的。

在巷子里行走，最好撑一把油纸伞，这与下不下雨无关，这是江南雨巷的一种经典意象。只是这把油纸伞，如今已被岁月弄丢了，如今她们撑着的，都是小花伞了。当然这也是对的，光阴在往前走着的时候，色彩总是越来越丰富了。如同我们的生活，总是越来越多了明艳的色彩。只有老宅越来越黑白了，因着这些老宅，老街沉淀成了一卷水墨。时间如水流过，把白的洗得更白，把黑的涂得更黑。这“黑”这“白”，总是让人心生敬畏。

楼塔老街，留存着不少明清和民国时期的建筑。白墙灰瓦，雕梁画栋，高高的马头墙，乍一看，仿佛入了古徽州，就是“一生痴绝处，无梦到徽州”的徽州。当然，这些老宅，现在大多已没有人居住。空荡荡的风，吹着空荡荡的院子。散布在房前屋后的零星田地，生长着一些菜花和野草，像是彩色的补丁，在风中飘动着。

数家老宅，门上挂着铜锁，锈迹斑斑，也许门内的一切，还安静在从前的时光里。也不知道，这铜锁的钥匙，握在谁的手里。

或者，这钥匙，早已遗落在了日子深处。稍大一些的风，大抵就可以把门吹开了。只不过“嘎吱”之后，不会有亭亭的人儿摇曳而出。“从前的日色变得慢，车、马、邮件都慢。”不知怎么的，我的脑海里一下冒出了这些诗句。只是从前的“锁”，好不好看，已经没人在乎了。有哪一把锁，锁得住光阴的流淌呢？

“和合人家”的门，已经不再上锁。我走着的时候，脚步声已经显得很空旷了。这栋位于下街 51 号的老房子，曾经是很喧闹的。房子建于民国初期，建房的主人，叫楼沛金。四房三代，同饮共炊，最多时居住着 36 人，为民国时期楼塔最大的家庭。这户人家，敬老爱幼，和睦邻里，时人有口皆碑。如今，我已经无法想象 30 多个人住在一起，是怎么样一个场景了。想不出来就不想了，只把马头墙上“腾蛟起凤”四个字，又念了一遍。还没弄清这“蛟”这“凤”，与“和合”有否联系，我们便去看别的老建筑了。

瑞应吾庐、水南民居、四水归堂、老当旧址、合义墙门、抬轿屋、武举第、走马楼……在这些老建筑中，进进出出，一会儿是柴米油盐的“俗”，一会儿是琴棋书画的“雅”，仿佛有旧年的身影，还在响动着。“停下你的脚步，等等你的灵魂”，是否也可以停下时间的脚步，等等老街的“灵魂”呢？

“忆童年”被安置在老街的一角。跳房子和荡秋千是我们儿时的游戏，现在的孩子已经很少玩了，所以这里保管着的是我们的童年。大夏天，我们还会在老树下乘凉，听妈妈讲过去的事情吗？老街的一处“时光隧道”，也是属于我们的“时光隧道”，竹凳、算珠、挂钟，还有一辆自行车……这些是从前的物件，至今其实也没有淡出我们的生活。

楼英纪念堂纪念的是一代名医楼英，楼英是楼塔人的骄傲。他生活在 600 多年前，楼英是笔名，真名叫作楼公爽，字全善，号全斋。楼家三代从医，楼英十岁就明通医理，开始给乡亲们诊脉治病。没过几年，他的名气就传遍了四方，各地的病人都纷纷慕名前来求医。他所著的《医学纲目》，比李时珍的《本草纲目》要早。在楼塔，楼英济世救人、著书立说的故事，一代又一代地流传着，人们都称楼英为“神仙太公”。

楼曼文是楼塔的另一位名人。近年来，楼塔镇把老街上的一所老民居，改建成了楼曼文纪念馆，用“求真理，女中学习；为理想，投身革命；受派遣，海外浮沉；滞新疆，监狱斗争；获自由，力疾从公；现曙光，英烈长眠”六个板块，全方位多角度展示了楼曼文烈士光辉的一生。目前，纪念馆已成为杭州红色博物馆联盟第二批成员单位。

名医的故事，英烈的故事，为这方水土，积累下厚厚的底蕴。在老街上，我缓缓地走着，听水声淙淙而起，潺潺而落。因着这水声，忽然觉得老街起了一种空灵曼妙的意境。这水声，和这风声，这脚步声，还有人们的说话声，以及呼吸声和心跳声，交织在一起，是否也是一曲“细十番”呢？倘若把那老街老巷，老墙老屋，都当作乐器，借大自然的手，在晚风中，可否演奏一曲悠扬的“细十番”呢？

在老街演奏的“细十番”中，老街人家的炊烟，正袅袅升起，接着，任由晚风把炊烟吹散，任由晚风把一家家厨房的饭香，吹来吹去，弥漫整个老街。凝结在楼塔老街上的时光，就是一层一层黑黑的烟火，而楼塔老街，也终究是属于烟火的。

以古镇的方式鲜活着

陈博君

漆黑的夜色中，一座被灯火照亮的牌楼静默在岸边道口。踏上那高高地铺设在溪河之上的古老石板桥，仿佛蓦然走入一段时光隧道，在若隐若现的流水声中，恍惚间来到了一个悠远而亲切的城邑。

和之前曾经游历过的众多水乡古镇不同，楼塔，这座沉匿在浙北萧山、富阳、诸暨三地葱茏群山之间的千年古镇，迎面拂来的竟是一股淡淡的民国风情。昏黄的灯光下，清一色的三四层洋楼一排衔着一排，错落而又齐整地分立在道路两旁，那气势依稀透露着曾经的繁华。沿着自然拼接的石板道路徐徐前行，整条街巷笼罩在一片静谧之中，虽已行人寥寥，路旁不少店铺却仍亮着招牌：利华服饰定制、阿贞理发、陈良粮油副食品店……这些极具时代感的店名，让人恍若置身十里洋场。而一个"女女修旧"的店名，在成功吸引一波关注的同时，也让我真切感受到了楼塔人对个性的强烈追求。

穿过这座城邑的主干道，随意拐入一条小巷，不觉间竟好似回到了童年，周身被一种遥远而又熟悉的感觉包裹着，颇像在梦境中游走。那越走越窄的巷道，如迷宫一般迂回曲折，在白炽路灯的映射下显得格外神秘，嗒嗒的脚步声在夜空中兀自回响。时光、景物乃至思绪，一切似乎都已如泛黄的相片般凝固，只有我的身体是自由的，仍带着莫名的不安与兴奋，在夜色中肆意穿行。这种久违的感觉是如此美妙，以至于我站在清冷的灯光下，竟有些不想从记忆中醒来。

不过，这只是一个初来乍到者对楼塔的个人体验，因为她成功地唤醒了我沉睡多年的童年记忆。作为发端于晋唐时代的千年古镇，楼塔留给人们更多更为深刻的，还是古老和厚重的传奇。譬如：善析玄理的东晋名士许询，是如何归隐山林，寻找心中的世外桃源，最终在此羽化成仙的；唐代末年，吴越王钱镠是如何令其甥楼晋驻守岩下洲口，楼晋又是如何在此肇基发族，最终形成村落的；妙手仁心的“神仙太公”楼英，又是如何请辞医官，用高超的医术回乡造福乡民，并且将高雅的明代宫廷音乐带回楼塔，演绎出富有地方特色的“细十番”音乐的……所有这些关于楼塔的遥远记忆，都被人们深深地镌刻在了仙岩山、钱镠路、楼英村等地名之中。

但时代总是要发展的，我们不可能永远沉湎于逝去的岁月。古镇亦是如此，倘若只有远古的记忆而没有当下的鲜活，那便意味着没落，意味着生命力的消亡。这也许就是许多地方以古为名，对古村镇大肆进行提升改造的原因吧。而楼塔显然是没有这种担忧的，因为她天然地拥有一种鲜活的生长能力，这种能力如飘散在空气中的金色尘埃，无时无刻不闪现在楼塔的每个角落。

次日早晨，当仲春的阳光透过阴霾的天空，轻轻地洒落在楼塔溪畔时，这座千年古镇便开始用点滴细节向我们呈现出更为真实和鲜活的一面。

祠堂是一个地方历史与文化的缩影，在楼塔这座规模并不算太大的古镇上，却同时拥有上、中、下三座祠堂，足见此地宗族气脉之盛。而让我没有想到的是，在三座祠堂最醒目的中堂两侧，都陈放着蔚为壮观的板凳龙和彩纸马。我们知道在浙闽的许多地区，民间都有舞板凳龙和纸马的习俗，但那大多只出现在逢年过节，平时难得一见。而在楼塔，长驻在已成为镇文化活动中心的祠堂之中的板凳龙和彩纸马，显然已与群众的日常文化生活交融在一起，成为一种活着的非物质文化遗产。

楼塔是座安静的古镇，与那些被改造成商业景点的古镇不同，她的生命力更浸透在溢满古镇的那种慵懒又不乏细腻的烟火气息之中。你看那临街高耸的门楼上，慵懒的花猫眯着眼凭窗而立；大门洞开的院落里，蹲坐的狗淡定地凝望着行人。路边小店里的各色菜秧，瓠瓜、辣椒、茄子、番茄……每一棵都满怀着生长的喜悦，舒展的绿叶宣示着一段生命奇迹的开始；那些摊晒在路边的笋干和菜干，七八个竹匾中竟然每一种都各不相同，却都散发着令人垂涎的阳光与菜香味道；老墙院内的古井边，斜插着竹標梢做成的钩子，楼塔人会自豪地告诉你说，这可是口活井哦，说话间便打上一桶清冽无比的井水让你品鉴。

是的，生存在这座古镇里的每一个生命，都在用自己的方式捍卫着古镇的鲜活，包括那些花花草草，也都在无声之中传递着勃勃的生机。斑驳的老墙下，一抹抹鲜嫩的青苔似水墨画般层层渲染，透明的孢蒴像一颗颗晶莹的迷你豆芽，在阳光下闪烁着生命的傲气；从水沟边沿着石壁争相挺立的小草，每一株都那么娇小可爱，带着各自的形状欢快地生长；而姹紫嫣红的鲜花，更是在街心巷尾的每个角落灿然怒放，仿佛不把这座小镇装扮得漂漂亮亮，便是自己的失责。

水，是城池的命脉与灵魂。楼塔虽然不是水乡古镇，却同样因水而容光焕发。潺潺流淌的楼塔溪是大自然赐予这座古镇的大动脉，如碧练般将古镇轻拥入怀，滋润着古镇的生长；令人叫绝的是，引水入镇工程，又让楼塔溪的碧水如毛细血管般淌过全镇，仿佛为楼塔打通了全身的经脉，让这座千年古镇顿时焕发出了前所未有的鲜亮气色。

到过很多古镇，徜徉在那些似古非古的街巷中，能够感受到人们为了让这些远古遗存下来的城邑继续生存下去而做出的努力，但这些殚精竭虑的努力又总是显得那么的焦虑，那么的急功近利。楼塔当然也有过提升改造，但却是一种画龙点睛般的略施眉黛，目的无疑是让她能继续以古镇应有的方式，不徐不疾地鲜活着。这，格外让人欣慰。

非物质文化遗产——篾编工艺

楼塔忆时画正绘

傅利达

古镇楼塔的楼曼文纪念馆门前广场上，正进行着国家级非物质文化遗产“细十番”的表演。我们作协的一群会员站在十几位民间艺人演奏者前方的观众区，静静地欣赏与聆听。

我注意到纪念馆外墙的整面白墙上，挂着一个巨大的圆匾，感觉与乌镇西栅的那个差不多大。大圆匾上用行楷书写了两个大字：楼塔。黑色粗犷的大字苍劲有力，帅而不肥，书法功力了得。右上方一排竖写的小字：“建镇于公元 897 年。”左下方的留白处，像是画着个红薯，红薯上写着个白色的“忆”字。再仔细一瞧，原来这红薯形状，就是地图上楼塔的形状。画在匾上加个“忆”，真是妙极。这大圆匾成了“楼塔古镇”核心区的一个地标。

乍一看这大圆匾，也没觉得有啥新奇。最早是在乌镇见过，后来在其他几个古镇也见过类似的大圆匾。匾上最显眼的，都是汉字书法，写着硕大的景点地名。据说制作这么一个匾，要用去七八十根上好的大毛竹，只用带竹青的一层。

楼塔镇有关方面专门派了一位当地的宣传干部，全程陪同我们参观了古镇的主要景点，热情地为我们讲解介绍。我们一路参观了古镇门楼、洲口桥、楼曼文纪念馆、古镇老街、祠堂旧宅和应景墙绘、仙岩山、佳山坞、楼英纪念堂等古迹景点；欣赏了国家级非物质文化遗产“细十番”表演及书法表演；走访了近年新引入的文创产业万松岭画室,听取了相关介绍。

一天的参观,也只能是走马观花。

坐在返程的大巴上,我翻看着手机上拍下不久的几十张照片,欣赏着新鲜的楼塔。目光停留在一张楼塔民间艺人演奏“细十番”的图片上。十几位民间艺人身着“中国红”唐装,吹、拉、弹、拨,演奏着各自的乐器:扬琴、古筝、二胡、月琴、锣、鼓、钹、笛。看着照片上那个挂在白墙上的巨大圆匾,我若有所思。大圆匾上“楼塔”二字,每个字都要比一张八仙桌大,左下方那红色“楼塔地形图”上,一个白色的“忆”字,看上去也有脸盆大小。我盯着“忆”字,品尝良久。忽然,一个心动,感觉我应是悟到了这“忆”字的奥妙。忆,即回忆,思念,怀旧,追思。古镇修葺的策划者与大圆匾的艺术构思者,对这个“忆”字用得非常好,不但是大圆匾艺术化的点睛之笔,也可说是对整个“楼塔古镇”发掘开发思路的点睛之笔。我们对古镇众多景点一路参观走访下来的所见所闻,基本上也都是落在一个“忆”字上。观古生忆,因古怀旧,睹旧物而忆先人。踏在古桥上,也会想到自己的足迹,正与唐代大诗人王勃游览楼塔时的足迹相遇。

从“忆”字入手,重新恢复“楼塔古镇”的风貌,或许,就是让楼塔重现光芒的一把金钥匙。

从楼塔镇政府工作人员的介绍中,我们得知山清水秀的楼塔,近年来已陆续引入了几个在国内省内较有影响力的画院画室,着力培养年轻美术人才。有的画室已有数期学生毕业,有的正在选址上建造装修。

我们参观了万松岭画室核心校区,不远处的二期校区也正在建设中。步入画室核心校区,绿树绕湖,春风拂面,犹如来到风景如画的公园。教学楼建在“未名”湖畔,湖对面是有故事的笔架山。学校一位老师打趣地对我们说:“这里风水特好,又与画室内涵相匹配。你看,笔架山是架画笔的,这大湖就是‘洗笔池’。云绕远山,绿树青草,春花争妍,真是个画画的好地方。”

除万松岭画室已具有一定规模并已招生授课,还有白墙画室、言志画室、大象画室、仰止画室等多个从事美术教育培训及创作的文创单位在此教学与创作。青山绿水的楼塔,也是浙江艺术职业学院的教育实践基地,中国美术学院、北京现代音乐学院等高等院校也都与楼塔建立了长期合作关系。一些艺术类文创项目的构思与落地,也正在有序进行中。

听了简单的介绍,浏览了一些关于楼塔的文字,眼前的楼塔古镇,展现更多的是古色古香。然而,在我脑海中时隐时现的“未来楼塔”,不但是个“忆”韵古镇、花园乡村、经济强镇,还应是一个“画家的摇篮”或“艺术家的摇篮”。

说到这,我想对本文标题“楼塔忆时画正绘”做个说明:从我个人的视角看,我觉得可以用一个“忆”字,作为对“楼塔古镇”发掘思路的理解,以忆引忆,修旧如旧;而用一个“画”字,是想突出青山绿水。古今融合的楼塔蓝图,犹如一幅美丽的画作,正在描绘之中;还想表达的另一层意思则是,楼塔与书画有缘,正在成为“画家的摇篮”。

楼塔忆时画正绘。从我个人的喜好来说,我倒是希望在不远的将来,中外朋友到古韵如画的楼塔度假时,都能欣喜地看到:

在古桥上老树下,山坡旁溪滩边,随处可见架着画板坐在小凳上画画的学生与画家。

在树绿草青的山脚下有练琴吹笛的孩子,从小楼里传出如行云流水般倾诉的钢琴声。

在湖边的藤椅上坐着正在品尝楼塔香茶，喝着咖啡聊着天的男男女女。

……

这些，或许正是楼塔朋友曾说起的，正在打造中的“小资空间”所需要的部分元素吧。反正，我是挺喜欢的！

楼塔走笔

陈雨声

1

唐人刘禹锡在《陋室铭》里写道:“山不在高,有仙则名……”眼前的仙岩山就是如此,若不是同行的楼岳中老师耐心地讲解,谁会知晓这普普通通的石头山,其中竟蕴藏着如此多的掌故呢?尤其对我这样的外乡人来说。仙岩山中,关于神仙的传说有着不同的版本,但东晋名士许询在此羽化成仙的版本最为流行,不管哪一种版本,都传达了一个基本信息,那就是此间山美、水美,是神仙居住过的地方。历代骚人墨客,无不流连忘返于此间,并不吝溢美之词,请看唐代大诗人王勃的留诗——“崔嵬怪石立溪滨,曾隐征君下钓纶。东有祠堂西有寺,清风岩下百花春。”

站在龙尾巴潭上的石拱桥上,环视了一圈,但见群山罗列,遥相呼应,山间林木莽莽苍苍,绿得似乎能淌出油来;一弯溪水逶迤而过,在上游不远处,有千年古樟虬枝横卧在溪流水面的上方,群鸟在叶间嬉戏着,古树下的院落,有老者背负双手,来回踱步,悠哉游哉;浣妇蹲于溪畔,双手有节奏地来回揉搓,溪水也一漾一漾的,恰似那额头上的光阴,在不经意间悄悄地流逝着。在水边,最瞩目的要算钓者了,他们坐在那里,长时间一动不动,打眼看去,仿佛就是岸边的一块石头,或者一根树桩,他们已经跟此间山水完美地融合在一起了。有人说,钓鱼的最高境界不是钓鱼,而是鱼之外的东西。也许,他们正在将尘世间所有的烦恼与不快远远地扔进水中吧,然后,钓上一份悠然、一份豁达、一份自信……

此情此景,不是仙境是什么?窃以为,神仙生活是一种追求,更是一种态度,传说中的神仙似乎离我们太远,珍惜当下,在繁忙的生活中,感觉心灵困顿时,应多去山中走走。

2

一座桥,将小镇分为两个世界。一面,是具有现代意义的楼房和街道;另一面,大片的古建筑错落有致,静静地沐浴在阳光中。

看一个地方的文化底蕴,不是看建了多少高楼,办了多少工厂,而是看这个地方到底保存了多少老祖宗留下来的东西。在文化遗产方面,相对于萧山的其他乡镇,楼塔镇的成就是有目共睹的。曾走马观花地游览了临浦、义桥、所前、进化等萧山南片乡镇的一些老街,感觉很多底蕴都消殆得差不多了。

楼塔的故事很多,能将这些故事反复吟诵的,大概只有老桥下的流水了,它们缓缓地淌着,日夜不息,多少年了,在这里,多少达官显贵走过,文人雅士走过,贩夫走卒走过……在老桥上,似能听到马蹄声正渐行渐远,欸乃声声回荡在古镇的上空。

老街上,每处场景都似曾相识——那古朴的青石板路面,那雕梁画栋的老屋,那清冽幽深的老井,那青翠逼人的苔藓……每一处地方,仿佛都在我们前世的世界里真实地存在过,为了温习那些潜意识中的美好,我们踏着青石板,穿街过巷,一路心存敬意,小心翼翼,生怕惊走了潜藏于内心深处的那抹宁静。

老街上最让人瞩目的,要算楼曼文纪念馆和楼英纪念堂了,两个地方毗邻着,遥相辉映,一个闪耀着楼曼文烈士一生为国为党的光辉形象，另一个镌刻着楼英那古朴大气的医者仁心。

广场上，音乐响起，是别具一格的“细十番”，“细十番”是一种很古老的乐曲，它不入红喜，也不列白事，是一种专属于人类精神层面上的阳春白雪之类的东西。演奏者们身着充满喜庆的红衣，端坐于场中。笛子，二胡，古筝，锣鼓等乐器在演奏者的手中似有了生命，曲调间或激越，间或舒缓。多么和谐的一幅古典春明景和图。音乐声里，有人打着节拍，有人举着相机，有人屏气凝神……有燕子从遥远的地方飞来，定格在洁白的墙上，也成了谛听者。

行走在老街上，人们成了纯粹的穿越者，一会儿在大明朝，一会儿在民国时代，一会儿又回到了现代。在很多老屋的窗边，偶尔会出现一张张脸，一张张像老屋一样散发着古老气息的脸，他们打开窗，让春风吹进来，让阳光照进来，他们看行人，更多的时候，是在看天上静静飘浮着的云。院中的玉兰花开了，又谢了，一瓣一瓣的，飘在风中，无限接近于土地。年轻人都走了，去了他们认为该去的地方，或许有一天，他们会回来，也站在窗边，践行着历史的某种轮回。

来来去去，小镇成了一种载体，抑或一种码头。也许，我们每个人心中都存在着一方净土。楼塔，何尝不是一方净土呢？只是，现实中太多羁绊，我们还是要回到自己该去的地方，这方净土，就让它珍藏在内心深处吧。

花开屋外，福藏心中

倪琴琴

如果这世上还有最后一处世外桃源，那么定是非楼塔莫属。居一处两三亩地的小园儿，随方位地势之所宜，随品种搭配之所宜，栽花种竹，点缀园子。槿树篱笆白墙黑瓦，便有了山里人家的风味。栽花艺竹之余，小具杯盘，等闲池上饮，林间醉。

醉在仙岩的清风朗月里，一折青山一扇屏，一个叫许询的老人，持一钓竿，坐一石上。石在溪中，鱼在水中，心在尘外，钓清风也钓明月，却不沽名钓誉。“好泉石，清风朗月，举酒永杯”，举杯邀明月，无案牍劳形，无丝竹乱耳，哪怕对影成三人，也胜却人间无数。草木都有性，溪山皆含情。斯人已逝，坐化仙石，仙石矗立在溪涧中，鱼儿依然在身边绕欢，对面的百药山依然百草丰茂，世人依然记得这位隐世者：“残经窗下依然在，忆得山中问许询”“此外俗尘都不染，惟余玄度得相寻。”

醉在一座叫洲口的石桥 ，百年风雨侵蚀，沧桑而又饱满。桥边石头垒墙，杏花开门，那些山村人家，古朴安然，好似不论多少年，依旧会年年把清喜的花，派在桥上溪边，守候着前世的盟约。清晨，仿佛听得“吱呀”一声，一位浣衣的女子，打开木门，走进一片清辉里，杏花雨落细无声。小桥、流水、人家，守着千年不变的江南古韵古风。也许，桥边应该栽一棵香樟，叶子在风中起舞，抖落阵阵清香。厚重古朴的石桥，茂密浓绿的树冠，再遣一湾日日吟唱的溪，把光阴刻在绿叶做成的诗笺上，落款。

醉在一条悠长似迷宫的老街，一道蜿蜒的小溪被鱼儿嬉戏成风景，鱼戏莲叶东，鱼戏莲叶西，鱼戏莲叶南，鱼戏莲叶北。莲叶何田田！水草何袅娜！水流潺潺，流过每道家门，当华灯初上，水中倒映房屋树影，影影绰绰，老街是那么安静又繁华，仿佛穿越在明清街道，与亲密的她(他)一起挽手看花灯，似水流年。

日间，漫步老街。老街是一条时光隧道，任何人在这里，总会邂逅自己的流年，不经意撞个满怀。几个菜坛，轻描淡画，八仙过海栩栩如生，仿佛是坐在藤架下，奶奶的蒲扇轻摇，呓语耳边：八仙之一张果老，倒骑一头小毛驴……地上一个个大大的格子间，印刻的是童年小伙伴之间的游戏，言犹在耳，那些人儿，却已各奔天涯；一件蓑衣，一顶斗笠，都是父辈的记忆，“轻箬笠，绿簑衣，斜风细雨不须归”。生活哪里有诗这般惬意，诗和远方却是生活永恒的梦想；人生得意，金榜题名，一日踏尽长安花。尽管范进中举是一出悲剧，但谁不希望自家的孩子“中举”，榜上有名？于是，一张张捷报张贴在厅堂显眼处。光耀门楣，扬眉吐气。当年捷报的纸已被岁月侵蚀模糊，但浓墨金字早已入木三分，在木纹里清晰可见。小时候，多么盼望期末的那张奖状，可以抚平父母脸上的皱纹与沧桑。然后看奖状扶上墙头，日复一日，年复一年。争光，添喜。

行一程，坐一程。在桃红柳绿的季节里，在燕子翻飞的呢喃中，在忽明忽暗的巷子里穿行。哪怕如贾平凹笔下，什么都不做，只拣一处地儿，就这么坐着，站着，倚着：见一蛛丝斜挂檐前不必挑，明日便有纵横交错，复明日则网精美如妇人发罩。出门望天，天有经纬而自检行为，朝露落雨后出日，银珠满缀，齐放光芒，一个太阳生无数太阳。墙角有旧网亦不必扫，让灰尘蒙落，

柿子熟了

日久绳粗，如老树盘根，可作立体壁画。读传统，读现代，常读常新。也看孤山，春烟晴日好，一岁一花，相思老，如此，甚好。

轻盈漫步，穿梭光阴，岁月忽已晚。蓦然回首，夕阳已倾斜，老街未曾老去，起承转合，站在哪一个点，都可以看见自己的前世今生。

如果你问我，楼塔到底哪里好，假如你也恰好在楼塔，我会轻轻地告诉你："我喜欢，楼塔的雨，雨后的阳光，和任何时候的你。"

因为，住在楼塔，福藏心中。

春暖花开走楼塔

施淑瑛

最初听楼塔的故事，是一位朋友说的。有一次相聚时，听她说起楼塔的人文故事，因为对楼塔的地理环境不熟悉，总听得云里雾里。

有一次，去诸暨大唐，路过楼塔，远眺过去，便是一片旧式建筑。

还有一次，是在富阳渔山的一座高山，俯视楼塔，只见连绵逶迤不断的青翠群山，翠绿苍劲。一条小河蜿蜒盘绕在山间，在阳光下闪闪发光！从此楼塔便在我心里留下了烙印。

这个春季，我来到了楼塔。只见一排排的房屋，既简朴又舒心。

经过洲口桥走进老街，仿佛走进了岁月的深处，使人蓦然涌起怀旧的情愫。有祠堂，有楼曼文纪念馆，有老宅。老宅的外墙，经历了长久的日晒雨打，墙面已有灰白相间凸凹不平的纹，还有些黄星星的泥土点点掺和在其中。经过创意打造，墙纹和泥点有的已像一幅幅宁静的水墨画，有的像西方的油画。在青石板铺成的小巷中，有奔跑着的童年欢乐；有祖辈们的谈笑风生；有编竹器的手艺人，沉静在自己的喜好中，张扬着自己的思维。小巷上空时不时传来悠扬的乐声，犹如天籁之音。

领略了老街古韵的风貌后，定会很自然地找一个有山有水的地方小憩。

于是，走进一个山村，便见一座怪石嶙峋的岩石山，满目苍翠。山下竖立着一块怪石，形如倒置的旋螺。山间，树木丛丛，郁郁葱葱。小鸟在林中欢快地歌唱，小花小草迎风摇曳，野栀子花蓄势待发，杜鹃花含苞欲放。微风中飘来阵阵的野草清香味，深深地吸一口，沁入心脾。

山脚边的一条小溪，溪水长流，格外清澈，清澈得可以看见小鱼小虾在水里自由地游来游去。小孩们挽着裤脚，撸着袖子，拿着竹编兜，在溪水中抓着小鱼小虾，追随着、欢快着。我望着小溪叮叮咚咚地流淌，心不知为什么突然跳得很快。太阳照在身上格外温和，激起层层涟漪。若不是同伴的提醒，我定会踏进小溪中。溪沟里还有一颗颗不同颜色不同形状的卵石堆在一起，圆圆的、滑滑的，漂亮得没有一点瑕疵。

我们来到一幢农家别院，院子是新建的，依山傍水，房前房后都种着花木果树。蔷薇爬满四周篱笆，盛开着粉色的花朵。桃树已结果。香樟树，正开着白色小花，散发出浓浓的甜香味。一只老母鸡"咯咯咯"地带着一群毛茸茸的孩子，在花树下觅食。我们坐在樟树下，在芳香四溢中，品尝用溪水泡的高山绿茶，吃小溪中抓来的小鱼小虾，以及刚从地上摘来的新鲜蔬菜：毛豆、豌豆、包心菜……细细品味。

院子里坐着一位正在剥笋的老人，上前问他年纪，准会吓你一跳，86 岁了，还经常上山掘笋，抓溪沟里的鱼虾。他说活到这么大岁数，还不知什么是生病，偶尔感冒一次，山上有的是草药，从不去医院。老人说话风趣幽默，思路敏捷，热情地给我们讲解楼塔的人文故事：百药山的传说、仙岩山的由来、"细十番"的传承。这时的我恍然大悟，刚才所见的那山，就是很有名气的仙岩山，小巷上空的天籁之音便是“细十番”。

当我们起身离开时，主人说，如果我们有兴致的话，还可以做回农夫，扛把锄头，上山挖笋。

把家安在有山有水的地方，是多么令人羡慕。

在这温润的春天，徜徉在千年的古村，沉迷在浓厚的乡村气息中。每时每刻，都会被钟灵毓秀的自然风光所吸引，被淳朴的地方风情所陶醉，被丰盈的历史故事所感动。

人与人之间有一见钟情，其实人与一个地方也会有一见钟情的。

楼塔印象

缪　丹

心心念念，一直想去楼塔，却一直未去成，这次，有幸随作协采风团去了楼塔古镇，我怀着敬意走进了这个积淀千年的文化古镇。

我虽写过一篇《天籁之音“细十番”》，但在这次采风前，对“细十番”的了解只是听说，以前也只有在电视上观看过。

这次走进楼塔，不但参观了气势宏伟的楼氏宗祠和富丽堂皇的楼英祠堂，追寻了一代名医楼英的印记，感受了楼塔古镇的人文魅力，还有幸在楼英祠堂前观看了“细十番”这一曲调高雅的民间乐曲的演奏。能如此近距离地观看“细十番”的演出，领略它的魅力，这在我去之前是没想到的，于是直呼：“这次来得太值了！真的很感谢。”

楼英祠堂前，白色马头墙上，挂着一面传统的用竹编制的簸箕，簸箕又圆又大，中间写着“楼塔”两字，边上注着一排小字——建镇于公元 897 年。白墙黄簸箕，还有那黑色的字，很素雅，也很显眼。马头墙前的 12 个民间艺人，穿着红色唐装，很喜庆，他们坐在各自的位置，用不同的乐器，吹、拉、弹、打着。我虽然叫不出乐曲的名字，但能感受到那或欢快、或高扬、或激情、或喜悦的气氛，在那清丽、悠扬悦耳的演奏中，我时而静静地用心观看，时而拍下一些视频，存在手机里，好反复听慢慢体会。

当演奏结束后，师友们都去参观祠堂了，而我，还恋恋不舍地站在原地，好想再听一会儿这华丽典雅的演奏呢。我轻轻地走到这些演奏家的身边，细细地一一看着这些乐琴、琵琶、提琴、板胡等，以为这些乐器和平常的乐器有所不同，才会奏出这么美妙的乐曲呢。我由衷地和"细十番"协会会长、国家级非物质文化遗产传承人楼正寿老先生说："有幸观看您们的演出，真是太美妙太震撼了。我想和您合个影，可好？"也许楼老先生看出我对"细十番"的喜爱和对他们的敬意，他欣然答应，并让我坐在他的位置上拍照留存。边上那个弹琵琶的女老师竟然热情地说："要不你穿上我这衣服吧，这样更像些。"她边说边解唐装的扣子，我怕太过打搅，立马摇着手，笑着说："谢谢谢谢，这个不用了，我装装样子过把瘾就是。"

坐在楼老先生的主位上拍照，似乎总得装个手势吧，于是他热心地、意态天然可亲地亲自指导我怎么敲打，楼老先生真是热情热心，解事解人，德艺双馨呐。

道别时，我发自内心地说："你们真好，真热情。"楼老先生笑着说："我们是楼塔人，团结、热情、直爽是楼塔人的本性，欢迎你来楼塔。"

正如楼老先生所说的，楼塔人是热情的，通过这次采风，我深有体会。那天，在祠堂内的其中一间，刚好有书法家们在挥毫泼墨，章槐诒老师的书法笔法纯熟，以墨达韵，他的字豪放、大气又不失灵秀，一向喜欢字画的我，见一个农民书法家写出如此灵动的字，立马产生了浓厚的兴趣。我问："如何能求得墨宝？"没想到章槐诒老师爽快地说："你喜欢？喜欢我送你！"然后让我自己挑选一幅，当我拿着三幅字举棋不定时，他也许看出了我都爱不释手吧，于是向边上的楼塔朋友们说："这三幅都送给这位远道而来的客人吧，你们要的，我再写过。”边上的看客们连连点头说先送给客人好的。就这样，我满心喜欢，满载而归。

当我手捧这三张书法出了祠堂，去追赶我们的采风团队时，哪曾想到，路盲的我，见到那些都是差不多的青砖黑瓦、幽静巷子，以及成片的明清建筑房，我又迷了路。正当我在左看看右望望时，站在不远处的三位楼塔大妈异口同声问了：“你要回去？”

“对，我想回去，但不知往哪儿走？”我不好意思地说。

“喏，往这儿一直走。”大妈们为我指着路。

道谢后，我欢快地追赶“大部队”去了。

“古韵楼塔、清水小镇”，楼塔，除了有古韵，还有灵动，而最为难得的是，楼塔人的真诚热情，这样的楼塔古镇，怎能教人不爱？难怪采风回来，有文友发微信：“逛一天楼塔，做一天神仙。”

仙岩山下品楼塔

颜林华

这不是我第一次来楼塔，我相信肯定也不是最后一次。与以往不同的是，这次多了一位非常特殊的讲解员——《楼塔往事》的作者楼岳中老师。

楼老师用诙谐幽默的三言两语，轻描淡写地介绍了自己。他说："我本人是计算机专业毕业的，是一位搞软件的物理老师，今年 82 岁。"听到这里，人群中发出了惊叹声。一位资深的理科生，同时又是一位优秀的作家，"文武双全"这个词用在楼老师身上，再恰当不过了。楼老师思维缜密，记忆力超强，不光能即兴"飙出"一句流利的英语，还把楼塔仙岩山的由来描述得十分生动有趣。从《世说新语》引出东晋名士许询，从河流改道的曲折再谈到"仙岩"矗立路中的缘由，一个个妙趣横生的楼塔故事，从长相普通但才华横溢的楼老师口中，娓娓道出。

楼塔有仙气，这一点有迹可循。故事，仍旧要从许询说起。唐朝学者许嵩在《建康实录》中写道："询幼冲灵，好泉石，清风朗月，举酒永怀。中宗闻而征为议郎，辞不受职……既而移皋屯之岩，常与沙门支遁及谢安石、王羲之往来。至今皋屯呼为许玄度岩也。"许询仙风道骨，不愿被官场牵绊，逃至楼塔山中隐居。垂钓采药，乐似神仙。他悬壶济世，深受村民爱戴。相传许询最后得道升天，羽化成仙。而楼塔的岩上村，也从此与"仙"字结下了不解之缘。村口巍然耸立的岩石山，像一尊石狮盘踞在天地之间，被称为“仙岩山”；溪边像哨兵一样屹立着的玄度岩，默默守护着勤劳朴实的楼塔山民，被人们亲切地称之为“仙人石”；而潺潺的溪水，无比眷恋着这里的龙脉，到此处就汇成了一个深不可测的“仙人潭”。

楼塔有文脉，这一点毋庸置疑。常听人说“古韵楼塔”，单就一个“韵”字，就足以令人回味悠长。有着一千多年建镇历史的古镇楼塔，风景优美、人杰地灵，历来人才辈出。元末明初的医学泰斗楼英，就是家喻户晓的楼塔奇人。他出身于书香门第，不仅精通医学，在文学方面也颇有建树。其著作《医学纲目》共 40 卷，前后耗时 30 载，是李时珍编撰《本草纲目》的重要参考资料。

楼英被楼塔人称为“神仙太公”，从古至今，深受当地人爱戴。2014 年 10 月，我和朋友满怀敬畏之心，特地去瞻仰楼英墓。墓园坐西朝东，墓碑庄严耸立。墓前一条精致古朴的木制长廊掩映在绿树丛中。廊外有亭，一座名为“清燕亭”，另一座唤作“水南亭”。长廊入口及亭子的廊柱上皆有内容精妙的对联，读来朗朗上口，蕴含深意。之后，我等又去到楼英纪念堂。首先映入眼帘的是两排整齐划一的红色柱子，而最引人注目的，便是柱子上的各式对联。擅长舞文弄墨，似乎是很多楼塔人的共性。窃以为，正是因为楼塔的历史文脉和人文积淀，才吸引了国家级画院李可染画院、万松岭画室这样的“凤凰”来栖息吧？

楼塔还有故事，这一点无须例证。这次采风有幸遇到的楼岳中老师，不仅是远近闻名的“民俗专家”，更是楼塔镇里博古通今的活字典。早在 2010 年，《金华日报》就曾发表题为《楼塔也有个太平天国侍王府?》的文章，说的是一位记者为了考证楼老师书中提到过的部分内容，专程驱车到楼塔，并在楼老师陪同下寻找侍王李世贤曾在楼塔生活过的印记。

一方水土养一方人。多才多艺的楼塔人很多,会讲故事的楼塔人也不少。在我熟悉的楼塔人当中,除了俞梁波主席等优秀作家,楼飞华警官也算得上是一位才俊。曾任萧山区看守所副所长的楼警官,创建了"7086"归岸教育系列教育感化工程。不仅办监内报纸、电视台,还利用业余时间自费拍摄了《印象楼塔》《楼塔往事》《汤团庙传说》《天籁古韵——楼塔"细十番"》等一系列人文历史纪实片。我本人对楼塔的初识印象,正是来自他制作的系列视频。今年58岁的楼警官勤奋好学,除了会做视频,还会编发,维护微信公众号。想来,一切都是冥冥之中早就注定了的缘分吧!楼飞华口中的楼塔故事,饱含着对故土的那份眷恋,听来别有一番滋味。又或许,他和更多优秀的楼塔人一样,本身也早已成为楼塔故事的一部分。

步入楼塔的古村落,只见斑驳的墙壁上,处处透着一种历史的沧桑感。穿过那条略显老旧的巷子以后,你又会惊喜地发现,此处别有洞天。楼塔清澈见底的山水,孕育了个性耿直又无比热情的楼塔人。他们用自己的天赋和勤奋,织就了一张张充满情怀的乡情网。无论身处天涯海角,他们一直都在,书写着不一样的精彩。

楼塔的滋味

陈曼冬

那一晚开车去楼塔,看到的路标是"诸暨方向"。到达已是深夜,同行的伙伴发来微信问要不要夜宵。虽然饿,看看窗外陌生的黑夜,咽咽唾沫说减肥,便熄灯睡去。

清早醒来,饿。

听说这一带的打面是极好吃的。

叫上同行的李老师一起去吃打面。

出了酒店门七拐八拐,穿过一个菜场。

空气里飘来面的香味,顿时觉得肠胃是熨帖的,顺着香味一路嗅过去。单是这香味,肠胃已得到极大的抚慰了。

是一家小店。清晨6点光景,门口已经是一地笋壳。大姐熟练地剥笋,抬头看我们,手里并没有停,"来碗打面?""好啊!"厨房里出来一位大叔,接过大姐手里剥好的笋放在砧板上,手起刀落,哒哒哒哒,笋的清香飘出,笋片白白嫩嫩的码在砧板上。

锅支在屋子里,吃面的桌在外面。只见屋内两只锅同时开火,火是旺火。一只锅里烧面,一只锅里炒浇头。面条放到开水锅里焯一下,"这是去碱",大叔看我好奇,便同我说讲,"焯的时间不能长,长了要糊。但是也不能太短,否则碱性没有去干净,面条会发硬。"一边讲手里也没闲着,旺火下猪肉很快炒熟,再加入切好的笋片还有自家腌的雪菜,锅铲挥舞间浇头便炒好了。

面条在开水锅里很快浮起来，大叔眼疾手快将面捞出。倒入炒浇头的锅里同煮，待浇头的汤水进入了面条，立即起锅。一碗热气腾腾的打面就烧好了。撒几颗葱花，筷子一搅，满屋的面香。

迫不及待地先喝一口汤，一口浓汤下肚，四个字，回味悠长。一接触鲜香浓郁的面与汤，肠胃瞬间便暖了。再夹起一筷子面条送入口中，面身细腻而富有韧性，有嚼头！多嚼几下竟然还能嚼出甜味儿来。

“老板，这面好劲道呀！”我边吃边冲大叔说。

“那是，我每天四点多起床打面，两个小时正好能打六七十碗的量。”

与老板聊着天，不知不觉间一大碗汤面被吃得干干净净。

六百多年前，明太祖朱元璋欲与杭州城中张士诚一战，率兵驻扎于临近杭城的小镇次坞(与楼塔镇接壤)。一日信步出帐，与将士们一同往小镇走去。走约半时，听到一家小小的店铺里传出来一阵“啪、啪”有节奏的敲打声。

这便是打面的传说。

我在想，编成了一部40卷《医学纲目》之后，又络绎编写了《仙岩文集》《内经·运气类论》等著作的名医楼英，后来因精湛的医术惊动了明朝皇帝朱元璋。朱元璋召他进京后，两人是否在某一刻聊起过这鲜香的打面？

东晋名士许询在楼塔隐居时，是不是日日都要吃这打面？

还有，投身革命的楼曼文女士，在滚滚的革命洪流的那些日子里，一定曾想起过家乡这碗打面。

……

事实上我到过很多古镇。很多的古镇都已千篇一律，似乎每一座古镇的建筑都用力地在诠释“修旧如旧”这四个字。而楼塔，却用一碗不经意间吃到的打面，将这座古镇牢牢锁定在我的记忆中。

我想起楼塔，想到的是流水般细滑的打面和热腾鲜美的汤。楼塔溪穿镇而过，那温润而有力的味道，仿佛就是楼塔古镇的滋味。

楼塔美食

楼塔的琴声

谢鸿雁

楼化十是楼塔人，记得他们村有个生产电子琴的厂，打算去找他。一来买琴方便，或能买个出厂价；二来，有日子没联系了，去看看他。

以前没去过楼塔，车上还担心找不着楼化十家，然而车到楼塔一问，也没费周折就找到楼化十家。一条一米多宽鹅卵石铺就的小路引我向前，两边是两层楼民居，听得有潺潺的流水声，寻声，这声音就在脚边，原来两边墙脚下都有水沟，水是清的，据说是从山里流下来的，村里人就喝从山里流下来的水。不过村人喝的水在上面的溪里，人们要用水桶去挑。楼化十是被我叫出来的，进门时他叫我小心，原来墙脚的水沟在进门的地方被一块青石板盖着，再出来时他又叫我小心那块青石板。他说这样的青石板、这样的水沟，家家户户门口都有。

我以为电子琴厂会有琴声，听到的却是机器的轰鸣，只有在试琴的时候才听到一些简单的音符。去时匆匆，两手空空，回时满载而归，除了一把出厂价的电子琴，还收获了笋干和鸡蛋。

儿子每周在幼儿园里学一次琴，一个学期下来他能弹几支简单的曲子，也知道五线谱。上小学后他没再碰那玩意，倒是他爸有事没事让它响一会儿。有次我正写东西，说："你能不能自己听。"之后那玩意便被束之高阁。

再去楼塔是去年年底，在楼曼文烈士纪念馆前与楼化十不期而遇，他穿一双带土的皮鞋。我本来还带了两包中华准备送他，交流几句他就离开了，也不好再追叫。漫步楼塔老街，依然能听到当年潺潺的流水声，那些墙脚下的小水沟已被统一的花岗石遮盖，我想可能是溪水改道了。

搬了几次家，电子琴没扔掉，去年年底搞卫生它又出现在我们面前。孙女在家，我把它从袋子里拿出来让她玩，她倒饶有兴致，只是其中两个键发不出声。我把它们做上记号，并用手机拍下来，希望下次去楼塔能配到这个。两个月后，我随萧山作协再去了楼塔，半路一位先生上车，简单地跟我们讲了些楼塔往事，估计是楼塔这边给我们带队的，他姓王？我想不会是楼塔土著，要不然，怎么姓王？但他肯定能帮到我，我想。中午饭后，我找到他，问他生产电子琴的厂还在不在，怎么走，他说："在的在的，就在这边上，出了大门往西走。"就因为他有句"很快就到"，我信心满满地向西去找，走得累了，便问路人，路人向前一指，还有200米。按我的步长，一步只有50厘米，我便数步，我的奶奶呀，都500步了，电子琴厂还没露面，进到一个园子想再问，还没开口，拴在树下的中华田园犬倒先大声嚷嚷。铲屎的出来了，他先喝住那声音，然后面向我，我说："这里原来有个电子琴厂，不知道还在不在，我想配几个琴键。"他说："厂有日子不开了，要配琴键就不好说了，有没有人都不知道，不过就在前面的丁字路口，去问问也好，还有100米。"出院子再走，遥遥望去，电子琴厂就在前面。我祈祷：厂子开着，还有人在里面。这样的琴键在仓库里，要找到应该不难。我给厂里的人递烟，他说不要，我塞他手里，他瞟了一眼烟，就衔嘴里。他向前走，说了一些难找的话就停下来，我以为他找借口，又递上两支，他说去碰碰运气。在他把烟头扔了的时候,我们到了一间屋子的门口,这里就是仓库。

再问,这里就是电子琴厂。门口没有门卫,传达室也没人。这里没有电子琴厂的招牌,人们现在管它叫晶体管厂,但什么招牌都没有。一辆三轮运货车停在厂里,有人在车上打盹。这边是车间,往左估计是宿舍,一排平房门口有衣服晾着,房子可能租出去了。一棵老树围在石坎里,外面有些小树。可以想象当年。对了,该感叹的不是我,我只是客户。出来的时候大门口围着几个人。我问:“这晶体管厂没人吗?”一个操外地口音的人说:“我们不是人吗?”我说:“对不起,我找厂里的人。”他说:“你不要随便乱走。”我说:“我要买东西,找你可以吗?”他说:“别找我,这里的事我不知道。”

我就这么灰溜溜地回到镇政府,刚好车要离开。我想,如果再去寻觅的话,怕是要赶不上车了。忽然,我耳边琴声大起,是用电子琴奏的“细十番”。这楼塔啊,本来就是以乐传人的地方,晶体管厂没了,可是车间还在,有人在原来的基础上生产出更高档的琴也未可知。这里有万松岭画室,有李可染画院,我想,如果有更高档的琴在这儿问世,来个冼星海或聂耳音乐学院岂不更好?我的意愿楼塔人可能早就想到了,或许正在筹备中,或许第二个维也纳正在这里起步。那么楼塔的琴声也会响彻世界。

走进楼塔

沈　璧

说实话，起先，楼塔人给我的印象是豪爽，为朋友两肋插刀，但有点鲁莽，做事不计后果；后来，随着时间的推移，接触的人增多，我对他们又有了新的认识，特别是前些天区作协组织去楼塔采风，脚踏宽阔整洁的青石街道，耳听街道两旁汩汩溪流，看着他们充满创意充满情趣的家庭装饰——家家门前有一堵矮墙，墙上有多个或方、或圆、或棱形的小窗，上面摆放着各种盆花，姹紫嫣红，煞是好看。有老人悠闲地躺在躺椅上。看不到一位青壮年，哦，他们都各干各的活去了。不知怎的，此情此境，使我想起多年前的一个场面来。两个场景似乎很难联系到一块，可我怎么也没法将它们分开。

那是一个元宵节晚上，因为在文化馆工作，楼塔又是舞龙名镇，我和馆长特地驱车去看他们舞龙表演。之后，观看他们在溪滩上送龙上天——焚龙。

这是一条偌大的溪流，两边是宽阔的斜坡，斜坡上密密麻麻站满了人，看样子，人是倾镇而出了。斜坡坡度不小，可每个人的脚板像是有吸力似的，都紧紧抓着坡面，一动不动。龙灯点火了，一下子，满溪火光映天，也映红了每个人的脸。全坡人合掌拜祭，送龙上天，求龙神好言，求来年丰衣足食，幸福安康。

我思索良久，忽地顿悟：这不就是楼塔人幸福的梦吗？现在，梦，已经成为现实。梦和现实，前后两个场景，自然紧密地连在一起。如今，有着悠久历史的楼塔，热情好客的楼塔人，正张开双臂，欢迎各方宾朋！

去楼塔，听楼塔人讲古时高士许询隐居那里的故事。我听他们说过，后来，相传距今 1688 年的东晋咸和六年(331)，许询又在今县城舍宅为寺，就是有“江南第一寺”之称的祇园寺。当时香火之旺，不言而喻，特别是萧绍一带来寺敬香的香客，络绎不绝，满街皆是。

去楼塔，很快，你将成为楼塔人又一位亲朋好友。

我，走进楼塔，楼塔人，走进了我的心。

谢谢你们，当今楼塔人。

在龙潭的花香中垂钓隐居

朱华丽

今年四月，相约在楼塔龙尾巴潭。

潭中曾有怪石，形似龙尾，今石方在，潭已杳然。

一年前，我随浙江诗人们也来拜访过这，站在岩山溪旁，当时匆匆抬头一撇，只见一大片绿色掩映下，赫然出现朱色的“龙潭”二字。岩石既不怪诞突兀，也不耸峙峥嵘，占道路中倒是有趣。

后来，回去偶然翻到《楼塔民间故事集》，看到了龙尾巴潭和仙岩。传说黄巢在龙尾巴潭掷刀从善。远处连绵山峦为仙岩，东晋名士许询在百药山羽化成仙。后来，这个龙尾巴潭就有了别名：仙人潭。十年间，许询隐居垂钓之石也被称为仙人石。

彼时，龙尾巴潭的仙人石还不像现在孤独地杵在路中，它优雅地宛在龙潭中央，说岛不是岛，说汀不是汀。把原本静流的水截成两半，水缘石分流，一半在东有了世俗的闹猛，一半在西占了隐居的诗情。水的柔情、石的硬朗，偏安一隅的寂静，深深吸引住了这个要远离庙堂之高、处江湖之远的才子。

江南多烟雨，山色空蒙的仙人石上静坐着一位披着蓑衣斗笠的男子，他神态镇定，举止不徐不疾，却自有一番风流，不知道是不是常年隐居在岩上和岩下百药山的缘故，沾了一股仙气，仿佛与这尘世隔着一道似有似无的距离，又与那些神情枯寂、老态龙钟的隐士迥异。

这位隐在永兴南幽穴中的才子，便是好游山玩水，终身不仕，有才藻，善属文，以文义冠世的许询。

衣冠南渡之后，整个国家的沛然之气早已变得虚无缥缈，王公贵胄、文人才子越发沉浸在自我的世界中。要么清谈，以玄学来畅聊形而上；要么归隐，以山水映照简素心境。

为逃避官场，许询携友至钱塘江边的小邑——永兴。

原以为到了这边陲之地，也就了无牵挂了，又听闻肃宗连征司徒掾。于是，“策杖披裘，隐于永兴西山。凭树构堂，萧然自致。至今此地，名曰萧山”。虽然，唐代许嵩以为“萧山”之名得于许询不太严谨，但“萧然山”多少与其有点关系吧。“萧然山”，外人听起来甚凄清、萧索，按照当时许玄度的心境来看，想必不是那么回事。能够偏安一方凭林筑室，在百药山的崖岫幽穴潜心修炼，闲时垂钓溪上，肆意菰蒲忘情江湖，是何等惬意的美事。可见，潇洒悠闲更符合其当时的心境。

一而再，再而三的官场招贤让他不堪其扰，隐居生活受到了极大的影响。同时，作为一个虔诚的佛家信徒，许询干脆“舍永兴、山阴二宅为寺；家财珍宝，悉皆是给”。如谢安者，纵有东山之志，也不得已被征召，许询这样坚持自我的是极少的。

人各有志，为远志而处，为小草而出，因人而异罢了。

仙人石上的玄度公冥想、垂钓的时候是自由的，他肯定觉得，这比在朝廷为官更有意思。

许询反复拒绝了朝廷的征召，但他的归隐很大可能是代表了当时南渡贵族官宦对时局的无信心，并非是他真的看破红尘。所以，其虽隐在永兴南幽穴中，每致四方诸侯之遗，和许由的“箕山之志”还是有区别的。试想，一个清谈领袖、玄理专家，如果像隔壁西湖的林靖和一样隐居孤山，梅妻鹤子，真是要憋死他呀。

说憋死那确实一点都不为过，爱清谈的人既学识渊博、学富五车，又得理不饶人，总是要分出个子丑寅卯方罢休的。许询和王羲之是好友，也经常和谢安、支道林等一起游宴、吟咏，在清谈方面他确实名声在外。当时，同样擅长清谈的刘真长在许询进京时特意为他备了书斋，还夸他“才情过于所闻”。甚至连一国之君晋简文帝也把许询当成兄弟看待，与他清风明月把酒言欢，他们一个清新婉转，一个赏识有加。一方面，说明许玄度的才华卓越，另一方面也说明魏晋时期清谈之风在士阶层乃至皇族中的盛行。

不过，许询身隐居山乡，心却一直盘亘在文化圈。年少时，别人把他和王苟子相提并论，许询一直不服气。一次，许多名流和支道林在会稽西寺宣讲，许询就匆匆赶过去理论，定要和王苟子一决胜负，不仅用自己的义理让对方受挫，还反过来用对方的义理驳倒对手。支道林看在眼里，后来说：“你辩论好是好，但是为何要互相为难？这不是清谈恰到好处的所在啊。”从一点来看，许询对于玄理的输赢颇为在乎，要么年轻气盛、气量欠缺，要么对名声甚为看重，再更高深点就是他对清谈存着无比敬意，像清谈鼻祖王弼一样。王弼到了最后，居然自己与自己对起垒来。如此，又何尝不是一种对艺术的热爱和致敬呢？

古人自伯夷叔齐归隐，历朝历代归隐原因诸多：有看破官场归隐桃源如陶潜者，有韬光养晦欲东山者如谢安，亦有沽名钓誉者。许询大概是个特例，居这三种形态之外。说他结交地方官员吧，他宁可舍弃屋舍逃避朝廷征召；说他淡泊名利吧，对胜败又看得如此之重，只能说玄度公的归隐是一种精神在自然界中的自我放逐，在放逐中获得了自由。

因为许询，这块立于溪滨的怪石，不再是世间平凡而晦暗的存在，它在历史的长河中有了一点忽明忽暗的色彩。一年又一年，谷雨前后，整簇整簇的白紫相间的小花就如约而至，它们娇嫩的身躯紧紧地贴在岩壁上，幽幽的香气缠绕着，那些被风吹散的小小花瓣离开花萼，随处撒在岩石缝隙中、溪水畔、草丛中……

直到三百多年后的一日，一位英气风发的少年来到仙人岩边，在池边徜徉数日，凝神驻足刻诗于石上：

崔嵬怪石立溪滨，
曾隐征君下钓纶。
东有祠堂西有寺，
清风岩下百花春。

这位少年就是大名鼎鼎的“初唐四杰”之一的王勃，据说，他把《仙人石》一诗刻在萧山南九十里的大山石壁上，水涸石露之时，应见其迹。后逢大旱，龙潭干涸，却始终未见其迹。此刻，石壁不偏不倚正面对着我，我反复想找这首“水涸石露”的初唐大诗人手迹，只可惜，除了怪石在岁月冲刷中留下的模棱两可的痕迹，再难寻得其他哪怕是斑驳的字迹了。

长叹一句“可惜了，可惜了”。

我到底是在寻找许询隐居的蛛丝马迹，还是在想象如玄度公般在山中仍保持自我的初心呢？

“仙人一去竟若何？空余坐石独自嵯峨。”

仙人已去，但是心里却感觉有波浪在翻滚。

坐在岩山亭内，坐姿任意舒展，凭栏可远眺，可近观。四周空旷，远山绵延，一弯溪水沿村流过。古人比我们更有时间和情调吧，看春日里亭外的清风细流和丘垄上的满目葱茏；再过些时日，梅雨时节羁旅客在这异乡细数瓦当上的水珠；或者再等等，等天热起来，探田畴深处摇曳生姿的藕花和藕叶遮住的人家；走过秋阳杲杲的丰收季节，藏进万物萧索、天地苍茫的冬日。

这四季的风景古人看得，宁可舍弃功名也要隐居山间，今人又何尝看不见呢？只是看见了，权衡之后，还是只能边说遗憾，边走进滚滚红尘。

等我们一行人争相在金钱桥处合影留念的时候，大家都开始对这风景啧啧称赞。溪水两岸错落有致的房屋，被几棵大榕树掩映着，现在是枯水期，如果遇到丰水期，晚上枕着哗哗的水声入眠，枕着山乡的寂静入眠肯定是一件美事。桥尾一枝独秀的大银杏旁，是一幢两层三开间的 20 世纪七八十年代的老厂房，虽堆满杂物，却掩盖不了它背山面水的好位置。有个文友开始畅想起来：要是能够把这老屋翻修一下当民宿，绝对很有情调。能够想象，秋天，满树金黄的银杏叶衬着这间白墙黛瓦的二层小楼，金黄而柔和的光线穿过指尖直到地板，我或者你泡一杯顶好的绿茶或者白茶，反正什么茶都无妨，找一个走廊的角落坐下，看眼前溪中几只家鹅悠然游过。把一半身体浸润在阳光中，一半身体躲在金黄色的阴影里。慢吞吞地让身体挪过一个又一个钟表上的刻度，刻度上还留着金桂沁人心脾的馨香。

一天过去了，和以往任何一天都不一样，我遥想当初在龙潭垂钓隐居的玄度公是不是也是这般想的：尘世的时间不经用，这里的时间却很耐用。用足够的时间做自己喜欢且擅长的东西。

明朝御医楼英辞官归故里，与当地一批擅音律的文人墨客以文会友、共磋艺术，才有了现在楼塔的“细十番”音乐。也把中医带到故乡，从只为宫廷服务，到惠及乡邻，这是他觉得喜欢的事情……

我们不徐不疾，神情淡定，在四季的花香中望着仙人石旁流淌不息的溪水，把自己喜欢的、热爱的、中意的一切当作鱼线，不着鱼饵，轻轻地抛到时间的悠悠长河，也学你垂钓隐居！

坐在洲口桥亭下，怡然自乐

朱文俭

序曲

暮春三月，午后的桃花雨缠绵如丝似雾，点点美如酒。我坐在洲口桥亭下，陶醉在洲口溪顺流捎来的清幽花香里。微醺，我迷离于眼前是实境还是幻化。

“四围山色九曲溪，半是仙源半是城。”是这条曲折有致的洲口溪把楼塔小城分割成古镇、新镇，面前隔溪而望的是明清古韵，背后是当代繁荣。溪流上并排两条时光穿梭隧道，一条是一脚油门倏忽而过的钢筋水泥大桥，另一条是连梁式石板平桥。

中午走出古镇时，我拾阶迈上古桥，把自己的脚印踩进了沟通古越州与睦州门户的历史沧桑里。静立在微雨中，摸扶着桥栏，浏览雕狮栏柱上百年间的往事如烟，惶惑桥栏下悄悄流淌的洲口溪是昨天那条还是今天这条。身边飘过一位年轻女郎，手中不是一把油纸伞，眼角没结愁怨，虽是江南。

雨大了，我躲进洲口桥亭下避雨。

洲口溪就是一位温柔多情的女郎，她伸开温润玉臂把楼塔古镇舒舒服服地拥抱着；又抖落一束飘逸的绢纱，为古镇映衬出宣纸素颜；植上一排山水篱笆，隔离开现代的喧扰，给古镇保鲜了乡愁味道。我在想，如果没有一条清水河在故乡身旁，游子的梦里必然会一片苍白。但这条河不能太宽太深，否则感受到的是压迫和渺小；水波又不能太小，否则滋养不了万物，培育不出文明；还必须是源头活水，天光云影共徘徊，生养出的鱼儿方能顺流而下、溯源洄游。洲口溪正好不胖不瘦、不深不浅。

近听水无声，远看山有色。楼塔古镇背依仙岩山麓，四围群山环峙、岭高峰峻，有名字的如百药山、金言山、大黄岭。山岭植被繁茂，松青竹翠。在这里，你可以感受到“明月松间照，清泉石上流”的自然与心境的完美融合，又能体会“独坐幽篁里，弹琴复长啸”的清幽澄净、物我两忘；还有“青松影里飞白鸟，红叶谷间绕碧溪”的空蒙。

一株古香樟横卧溪畔，陪伴在老桥边。虬曲如铁的枝丫伸向溪面，皴裂盘桓的树干包裹着密密层层的青苔如着青铜铠甲，疏落的叶子遮不住千年岁月和风雨雕刻的沧桑，恰如一位鹤发童颜的老翁独钓清流。他是好泉石、乐隐遁、清风岩下垂钓的许询吗？是追随吴越王钱镠东征西讨、官至兵部尚书、最终铸剑为犁归园田居的楼塔楼氏始祖楼晋吗？还是著有《医学纲目》四十卷，任职御医为明太祖医病，被尊称为“神仙太公”的楼英？我没有上前拱揖高让，只默默凝视，但愿做一个在此逗留片刻的烂柯之人。

在江南，像楼塔这样的古镇很多，大都具有古巷庭院之美、寺观楼阁之盛、历史传说之奇，如周庄、南浔、乌镇、西塘……但楼塔是山乡古镇，有一条“浅浅碧水平”的清水溪，又有远山如浪，及山与天相连的气氛和情调，它便成就了楼塔古镇的山水、田园、乡愁三首华美乐章。

山水如画

从繁华时尚的萧山城区到深山幽谷里的楼塔古镇，车程只不过一个小时。从往来车辆发动机的反应可以把游客的情绪一分为三:压抑顿挫的痛苦,时快时慢的变奏,顺畅自如的高亢。车子表达了主人的心情,它的三重变奏首先表现的是逃离大都市车水马龙的轻快,行驶在郊野的省道上,沿路“杂花生树,群莺乱飞”;过临浦、戴村,沿永兴河岸一路向南欢快疾驰。我用余光扫视窗外,便见一派“水远波澜碧,山高气象清”的大好春光。车过楼塔管村村再折向西,行驶在平坦、宽阔的钱镠路上,沿街依次是开发区、商业区、住宅区,最后抵达洲口桥头。先不要穿入古镇,赏如画山水去。

永兴河在洲口桥以上被称作洲口溪,沿溪岸西南而上,亲水之旅便从这里开启。缓缓行驶在山涧幽谷里,山与水做伴,水与路纠缠,恩恩爱爱,不离不弃。细股的溪水从山坡上漫下来,又被岸堤呵护着,轻快地流淌,山谷里便回荡着它们的脚步声、口哨声、呼朋引伴声,清脆悦耳。

山顶上,松木茂盛,亭亭如盖、气韵雄浑;山坡近溪处,翠竹挺拔,郁郁苍苍、重重叠叠;溪流下,青石布满了绿苔,丛生的水草作势飘摇。艳阳从峰顶直射过来,照得溪水更加清澈透明,山外来客们便惊呼起来,在工业发达的萧山竟然有如此一条欢畅的清溪。

溪水畔,山野之花开了超市:杜鹃花紫的似霞、白的赛雪,山茶树叶绿油亮、花肥如牡丹,天目地黄吹起一串粉色的小喇叭,黄鹌菜个个头顶着小巧的小黄帽。

每一座山丘,每一棵松竹,每一条细流,每一朵山花,都自自然然在那儿,你尽可以从从容容去观赏,安安静静来品味。空山幽谷中,你会不自觉地把自己异化为一块崚嶒的山石、一棵兀立的小树、一朵娇羞的野花、一滴裹挟在白练中忘我的水。

在一处叫“仙岩”的小土丘前，有人驻足拍照。丘上土石相间，高不过数米，人立其下并没有崇高之感，其外形也不合美学原理。但想象中，这丘原本处于溪水中央，湍流击石，溅起浪花朵朵，一缕阳光拨云投射而下，小丘四围便水烟氤氲，一位仙人垂钓其上，怡然自乐。当地人说这仙人是东晋玄学大家许询，为避朝廷征召，隐居在百药山顶洞穴。在这幽静恬淡的山谷之中，人文景观得其所哉！

“仙岩”周边谷地开阔，临溪而建的村寨屋舍俨然。大多是三层的别墅，装饰有彩色的墙砖和琉璃瓦，躲藏在古樟、古杏荫翳之下。溪堤高大坚固，安装有石质护栏，又铺设了观景步道，村人们劳作之余，亲水而行，当更爱其家，外乡游客徜徉其间，也流连忘返。

洲口溪发源于富阳，沿途的山水人家一定也进入过“富春山居图”视野，只可惜黄公望错生在元代，否则他的如椽画笔便不会吐露出树木、土坡和山野人家的萧瑟感怀。

洲口溪一路奔腾而下，化身为永兴河，这条清水河被萧山人尊称为母亲河。她在萧然大地南部流淌过十几个乡镇，恋恋不舍地汇入浦阳江，在东归入海之路上，终被以潮高流清闻名于世的钱塘江接纳。

田园如诗

我家在临浦，距离楼塔也就三十分钟车程。我曾多次饱赏过楼塔的山水之美，却从未穿越过洲口桥一睹古镇芳容。今年暮春时节，有幸被邀请随作协采风，与古镇邂逅。随行的当地领导说，楼塔经过一年的美丽乡镇建设，敬请大家来验收评估。我听出来，他是客气，是有十足底气的客气。

那天的老镇之行可谓眼花缭乱，只一眼，便被老镇特有的古街、古巷、古民居、古桥、古溪、古曲迷住了。说实在的，有些景致在江南古镇随处可见，但我第一眼看过楼塔古镇之后，便发现了这里与别处不同。

大半个上午，我行走在古镇的老街上，上下打量着每一间门店，像走迷宫一样在小巷里打转，抚摸着苍苔斑斑的旧墙，又支着耳朵聆听燕子在老屋木檐下盘旋时的低声呢喃，麻雀在颓败的土墙头啁啾婉转。我调动各种感官触探古镇的深层，但总归徒劳无功。一座千年的古镇，每一寸土、一块石、一株草都是时空缓慢堆叠而就的成果，怎能轻易被瞧透？

我尝试着从面前的洲口溪进入古镇肌理。《尔雅》释义："水中可居者曰洲，小洲曰渚……"可以推测，古镇所在处是洲口溪冲积堆叠泥沙形成的沙洲。古时，这里四围环水，人居其上，渔猎度日。唐末藩镇割据、军阀混战，楼氏先祖楼晋带兵追随钱镠驻扎在附近的大黄岭，扼守浙东浙西交通险要。但自从钱镠建立吴越国后，楼晋便失意于兵戈，遂率军士在此沙洲铸剑为犁，拓荒屯田，伐木造屋，此地开始唤作"楼家塔"。

上街、下街和横街在当时有了吗？最起码有一条。随同楼晋留下的兵士应该有上千之多吧，吃穿住行需要交易，集市上应该有粮店、布庄、柴店、铁匠铺，还有酒坊，年轻的汉子们长年驻守于深山老林，思乡日炽，一酒解千愁，三杯万事空呀！估计当时的店铺大多是芦苇棚，就像我坐的洲口桥亭吧。现在古街上一楼一底、前店后庭的格局在当时的先人们想都想不出来。

屯守的军士们不仅带来了忠诚和勇武，也带来了耕读传家的礼仪和门风。这一片曾经荒蛮的土地，在汗水和文化的濡养下，渐成沃土，成为栖居的田园。

钱镠占据江浙建立吴越国之后，这一带曾经获得了短暂的平安，洲口桥边这条萧富古道上，行人客商络绎不绝，昔日的咽喉要道变成了通商之路，洲口溪上搭建了桥梁，大街上铺起了青条石板，楼家塔日渐隆盛。来此经营定居的富人多起来，楼家塔人出门求学宦游行贾的也多起来。

当时，楼家塔四围环水，沙洲上土地有限，人们除了填溪造屋，只有紧缩宅院和公共交通面积，于是便形成了古镇如蛛网迷宫般的小弄巷，叫上名字的有前溪弄、后溪弄、义厅弄、义仓弄、中祠弄等数十条。江南一带村镇里弄多，而楼塔更甚。而且，街市的庭院均有后门通向小巷，方便你来我往。小巷拉紧家庭之间的距离，又联络和维系着亲情、友情、乡情。

另一种聚集人群的空间是祠堂。古镇上的宗祠特别多，现存完好的中祠和下祠尤其巍然壮观。祠堂既是权利的网络空间，更是多维的文化空间，古镇人在这里慎终追远、聚义谋事、凝聚力量。

古镇范围有限，亲情的凝聚力又极强大，要想大刀阔斧、纵横捭阖弄出大动静是不可能的事，于是人们便在精雕细镂上狠下功夫，如古镇现存的侍王行军府、抬轿楼、前(后)厅等40余栋历史文化建筑，元朝瓦当、明朝梁柱、清朝雀替、民国照壁无不精美绝伦。又如被称为“神仙太公”的楼英，不但继承家族中医精髓，又四处拜名师精进技艺，成就一代名医，做御医为明太祖治病，告老还乡著《医学纲目》四十卷；又精研“细十番”曲谱和演奏，他的医理和乐理一直被楼氏后人传承，其中“细十番”成为国家级非物质文化遗产。楼塔的书画人才众多，清代咸丰时的楼秉台，有板桥画风，名噪一时；还有楼浩白、楼有刚等的画法，行内称绝；如今，古镇的书画普及率极高，街头巷口偶遇一人，说不定就是一位丹青妙手、书法大家。

沉湎于精益求精的手艺追逐之中，光阴往往会慢下脚步，像老屋木门上的铜环；沉迷于春和景明、山水清明，便迈不动离家的双脚，时空凝固于明清之世；沉醉于乡情浓郁、亲情绊羁，必然望峰息心、窥谷忘反。

人们的脚步缓慢而坚实，建筑慢进了明清古风，墙壁蔓上苍苔斑驳，古巷蔓延进了深巷幽宅。慢出了文化涵养，宽容滋生。

楼塔古镇是自然长成的，当地的领导很清楚，他们带领全镇人让古镇恢复成往昔的模样。

乡愁如歌

你有听说过一种古曲让一城人守望传承了六百年之久吗？楼塔“细十番”就是。传说中的古曲很神秘，很高雅，很清幽。本是庙堂之乐，忽有一天流播到了田舍，在黑脸方鼻阔口下如春笋般地发了芽，在嵌满泥巴的糙指上似山花般盛开了。袅袅圣洁的精灵，爬满古镇人的双耳。

有幸在古镇楼曼文纪念馆前广场上聆听了这仙乐。我猜想这片广场可能是旧时的晒禾场，在这里腾挪跌宕，土生土长的民乐老艺人们表现得悠然自得。笛、管、笙、弦、提琴、云锣、汤锣、木鱼、檀板、大鼓等演奏者排列数行，身着大红唐装，容光焕发，或坐或立。

鼓乐响起，等候多时的人们瞬间肃然无声。铿锵有力的锣鼓和清丽婉转的丝管之声交相辉映，时而庄重、时而优雅、时而欢快，表达出丰富多彩的情绪，展示了五彩缤纷的画面，描绘着跌宕起伏的故事。

楼塔“细十番”起源于明朝，用十余种乐器演奏，现在改编保留下来最典型的曲牌有《望庄田》《百畈》《一条溪》。古镇的音乐人用自己独特的乐音把乡亲们的栖居环境、田园劳作、日常生活表现得活色生香，精彩绝伦。

《望庄田》开头是缓慢悠扬的笛音，清脆嘹亮的乐音一下子把人们带到家乡的田野之上，眼前是晨雾缭绕，村树依稀；鸟儿们醒来了，叽叽喳喳在枝头欢唱；坡头山花竞放，田间稻穗饱满，溪畔和风阵阵，溪中清流浅浅。乡亲们三三两两走出村道，肩荷锄头，臂挎竹篮，有说有笑行在田埂上……

《百畈》整首曲的节奏欢乐明快、轻松热烈。它向人们展示的是一望无际的田畈上，乡亲们抢割稻子、庆祝丰收的幸福场景。《一条溪》描述了在肥沃田野里，亲人们耕耘播种的忙碌场景，田畔的洲口溪奔流而下，欢快歌唱。

如今，每逢重大节日，这支由 20 多位农村民间老艺人组成的乐队，便会义务为乡人们演奏楼塔“细十番”，这也成了楼塔年节盛宴上的一道大菜，也成了在外求学、工作的游子常回家看看的招唤神曲。

聆听着清丽的乐曲，我忽发奇想，如果让这些可敬的民乐老艺人们用楼塔“细十番”演奏《三月桃花雨》该是怎样的韵味呢？

三月桃花雨，点点美如酒，醉了山，醉了沟，醉了溪边柳……

尾　声

比许询小三十多岁的陶渊明在《桃花源记》里描写了桃花源人安宁和乐、自由平等的生活，借此表达他对美好生活的追求和对现实社会的不满。后人讨论他是借用小说笔法来表现生活，他笔下的“黄发垂髫，并怡然自乐”当然是虚构。设若陶渊明穿越到当代，他对楼塔古镇美丽乡村建设会做何感想呢？

雨停了，我从洲口溪亭下起身，登上老石桥，再次穿越回古镇。

老屋

千年历史仿佛一瞬间

周无江

来萧山20多年,一直生活在东部,南部去的很少。楼塔与富阳交界,尤其是萧山与富阳的界岭大黄岭,是浙东与浙西往来的咽喉通道,历来是兵家必争之地。在我的印象中,楼塔是边远的一个山区小镇。尽管从各方面所获得的资讯,楼塔自然风光秀丽,与老家临安有得一比。已亥年阳春三月,区作协楼塔采风活动,终于让楼塔之旅成行。

楼塔与临安很有渊源,临安人氏吴越王钱镠在打败刘汉宏后,在大黄岭驻军,并令外甥楼晋驻守。楼晋见大黄岭沿岸山清水秀,宜居宜农,便在此肇基发族。此地慢慢发展成集镇,因楼晋姓楼而被命名为楼家塔,简称楼塔。楼塔镇内主要的景观大道名为钱镠路,足见楼塔人民对吴越王的怀念之情。

对有着十多年旅游从业经历的我来说,我看楼塔,自然以旅游的眼光。82岁高龄的楼塔镇中学的楼老师,怀着激情带着我们走遍了大同、岩山、楼家塔。从岩山亭到仙岩石,我们了解到一千多年的厚重历史文化与美妙经典的传奇故事。位于岩上村的仙人潭又名龙尾巴潭,从楼老师的口中,我们听到了东晋名士许询在此羽化成仙的故事。正因如此,当我们静静地站在有着仙岩之魂的仙岩石前,心底油然而起的是对历史与神灵的敬畏。

而龙尾巴潭又美妙地与富阳龙门古镇沾上了亲。原来龙头在富阳，此龙延绵数十里。不由心想，观龙头，探龙尾，龙门孙权故里的三国故事与楼塔山清水秀的自然风光，相得益彰，岂不是又一条经典旅游线路？

一个地方的发展与文化是紧密相关的，而楼塔的文化与两个楼氏名人分不开，古有楼英、近有楼曼文，两个人在楼塔的历史中有着划时代的意义。

出身医家的楼英，凭着高超的医术赢得了“神医太公”的称号，并进宫为太医，不仅提高了医术，更为可喜的，作为医者，他对音律也十分精通，在宫廷耳濡目染了曲调高雅的“细十番”，告老回乡之后，便将宫廷之乐带到了楼塔，传承几百年，让“细十番”成了楼塔的代名词。

革命先烈楼曼文，更是楼塔的骄傲。在生与死的革命运动中，她追求真理，努力学习，特别是在新疆牢狱期间，面对敌人的屠刀，保持了共产党人的崇高气节与浩然正气，与敌人展开了顽强的斗争。尽管她英年早逝，但给楼塔留下了宝贵的财富，她大无畏的革命精神，在楼塔得到了代代相传。

短短一天的楼塔之行，收获颇丰。了解了其概况与历史，漫步在建设中的老街，楼家宗祠与石板小巷，点点滴滴仿佛都在诉说着上千年的故事。作为一个外乡人，聆听着传说，品味着故事，站在溪水环绕的牌坊桥头，听着潺潺的流水，眺望着蓝天白云下的古镇，不由心叹：千年历史仿佛一瞬间。

且听一支时尚与古典的交响

祝美芬

楼塔,又名楼家塔,是一个山清水秀的地方。楼塔本地的楼岳中老人所作的《岩山亭记》中有如下描绘:“岩山胜景,人间奇葩。翡翠叠嶂烟霞缭绕,云崖壁立卷幔舒岫,巉岩嶙峋排狮列象;千姿百态,皆造物点化。涧泉奏鸣,传天籁遗音;春夏奔洪,如惊雷滚地;秋冬碧流,似玉带回环。四时风情各异,山川之秀长存。”可见楼塔确实是一处风景极佳之地。

在一个春光明媚的四月天,我有幸再次来到楼塔,听楼塔往事,看今日古镇。一条清冽的楼塔溪,自西向东潺潺流淌,横跨溪面的龙渊桥犹如巨龙腾跃刹那间的定格,气势恢宏。此溪东南面是仙岩山,北面是百药山。溪的南岸矗立着一块巨石,名“仙岩”。说起这块仙岩的来历,还有一个故事。东晋名士许询曾隐居百药山顶的洞穴(今称仙人屋),后建宅于山坳。据说许询曾在这一巨石上垂钓,后来他成仙了,因而此石得名“仙岩”。

而百药山的得名则与八仙中的铁拐李有关,相传当年他的药葫芦在山上倒了,于是草药遍山,此山因而得此名。据当地人讲,如今的百药山上还有药草。在楼塔,这样的传说还有很多。正如《岩山亭记》中所言:“草木皆有性,溪山多含情,千古传奇,脍炙人口。”楼塔,这一个唐代古镇,这里的山带着仙气,这里的溪,独具神韵。

当你的思绪还萦绕在那似梦非梦的传说故事上时，后一脚，你已迈上了这座已有百年历史的洲口桥。因年代久远，整座石桥显出沉淀着历史沧桑的灰白色，但还保持着完好的全貌。桥的两头各有一个供路人休憩的茅草亭，桥面用整齐的长石板砌筑，几个巨大的桥墩极为坚固，桥身侧面还可看到两个石头雕刻成的龙头，更添了威武之气。走在坚固平整的石板桥面上，清风吹来，给人清朗之感。据说，当年造这座桥花了三万银圆，历时十年，是一个影响力巨大的工程。

我们又来到一座百年古桥，这座桥的桥墩还是当年留下的，看起来相当牢固，桥面已重新修筑过。当我站在桥上，望着溪对岸那棵有几百年树龄的大樟时，再次感受到了古镇久远的历史气息。樟树正值吐绿季节，茂密的枝叶如一把撑开的巨伞，斜斜地傍着溪沟，与溪水古桥一起诉说着光阴的故事。

看过山看过水，看过古桥与百年大樟，我的脚步已经轻点在富有古风清韵的老街了。经过整体设计与修建后的楼塔老街，俨然已是一卷飘逸着文艺气息的江南水墨画了。人在街上走，恍若画中游。就有这样一股无法言传的吸引力，诱着你想信步游走其间，探个究竟。

走过街入口处的一排唯美典雅的民国风建筑，就来到了巷道纵横的老街核心地带。在当地向导的热情引导下，我在曲里拐弯的街巷里弄如梦穿行。走过一家家氤氲着历史烟尘的粉墙黛瓦的老宅，闻着陈年木质散发出的特有香味，我的思绪一会儿飘到明清，一会儿又来到民国。

我的目光停留在明代的“前后花厅旧址”、清代老宅“庆善堂”与“日昇里”，停留在“诗礼传家”的石砌匾额、楼塔旧时的“凤仪地”，停留在民国时期的“和合人家”“走马楼”和“大丰纸行”旧址……民国老宅“义厅弄12号”现已成为李可染画院楼塔艺术中心。

让人耳目一新的要属那一堵堵创意迭出的斑驳老墙。在这些充满岁月沧桑的老墙上，描绘着一代代楼塔人的生活影像，留驻了每个时代的印迹。这一堵上面书写着“闪闪的红星”几个红色大字，旁边还挂着几个斗笠，不由地把我们带到了那个火热纯真的少年时代；那一堵老墙上写着“和你一起忆童年”，墙前的广场地面上画着儿时“跳房子”的游戏图块；还有一堵是“致青春”主题画面，一辆自行车，小伙子用它载着一位手捧收音机的年轻女孩，幸福如花绽放，那是我们飞扬的八十年代；还有那面方言墙，一句句熟悉的方言俚语读来让人一次次忍俊不禁……

古老的宅院，斑驳的老墙，时尚的田园味……千年的时光就这样流淌在古镇清新的风里……

我们轻点脚步，用一颗柔软的心，用热切的目光一遍遍抚摸着一道道或古老或时尚的景。一样样，都是那么好看；一样样，都是那么直抵心灵！徜徉于这七弯八拐如迷宫的古镇，如同享受一支古典与时尚的交响……

有些景是用来听的，听它悠远的历史古韵，听它时尚的现代节拍。我想，楼塔，就是这样的一个古镇……

一阵楼塔“细十番”的袅袅圣音再次将我们带到了六百年前的老时光。这一天十分幸运，我终于亲眼见到了演奏“细十番”的这套班子，现场聆听了这犹如天籁的人间圣音。演出就在下祠堂边的广场上，十余位演奏者年龄都在六七十岁上下，他们身着古韵翩翩的演出服饰，每位演奏者神态安静祥和，却又显出庄重肃穆，十几种乐器默契配合，奏出的仙乐在广场上空袅袅升腾，这高贵而又悠扬的曲调，温柔地抚摩着每一位听者的心灵……

据说这"细十番"是宫廷御医楼英辞官还乡后从宫中带来的，名医楼英不光精通医术，而且酷爱音律。他在著书《医学纲目》的闲暇，与当时楼塔的一批善音律的文人墨客、富家贤士时常吹奏演练这些古曲，于是楼塔"细十番"便由此而生。"细十番"曲目大多表现的是"大禹治水"与"始祖楼晋出征"的历史故事。作为夏禹一脉的楼姓人，想必在演奏时会平添一份别样的情怀吧！有"神仙太公"之誉的楼英颇受楼塔人景仰，演出广场西边的下祠堂里供奉的就是他，一块"医德流芳"的横匾道出了世代楼塔人对楼英的感恩之情。

广场南边是烈士楼曼文纪念馆。这位出生于富贵之家的小姐怀有一腔报国热情，性格叛逆，当年毅然投身血与火的革命，谱写了可歌可泣的动人故事，她成了楼塔的骄傲。

古镇的中祠堂规模更加宏大，主要供奉的是仙岩楼氏始祖楼晋夫妇。当年，钱镠的得意门将楼晋担任此地镇遏使，携家属在此定居发族，楼塔历史由此开始。祠堂中央的梁柱上方，依次悬挂着一块块匾额，一块有一块的来历。有"诗礼传家"的古训，有"勿忘国耻"的警言，也有"成仁取义"的美誉。祠堂入口处两侧墙面上"仙岩楼氏家训"二十二条，则勉励世代楼姓人谨记先人教诲，做最好的自己……

参观完祠堂与纪念馆，我们重又踏上楼塔古镇贯穿东西的主街道。石板街道边，一条小溪潺潺流经，时常能见到里面有鱼儿在嬉戏。一条小溪，给古镇增添了灵动之感。

夜晚，粉墙黛瓦间，两边廊檐下的红灯笼亮了，橘红色的温暖光晕把古镇渲染得如烟如画，犹如一首婉约灵动的江南诗……

“葫芦倾倒，灵丹满山；仙人弈棋，樵夫烂柯；幽穴出处，东海龙宫；汤圆落孔，将军起悟……此地此景，日华月色，终成梦萦魂牵。”楼岳中老人的《岩山亭记》又在心中回荡……

楼塔，这一个千年古镇，如今的它，古典与时尚在这里跨越千年完美对接，让人在历史的流连与时尚的律动之中陶醉不已……

干脆就将自己的心灵毫不犹豫地托付给这里的山、这里的水吧，相信身在其中的你，定会深深地迷恋它……

楼塔有约

蒋兴刚

初夏的某个早晨，沿103省道一路向西，在即将出萧山地界时，车头一拐，就来到古镇楼塔。楼塔拥有千余年建镇史，肇始于唐末(897)，发展于两宋，繁盛于明清，并于清代形成楼塔老街，成为诸暨、萧山、富阳三界的商贸重镇之一。

古镇已经醒来，到处是朝霞的光和影。马路还带着夜雾的湿润，两旁的灌木丛中，蟋蟀和蝈蝈唱着恋曲。充满生气的一天又开始了。从洲口桥走入老街，有些商铺已经在卸门板，开始营业。那些供应早餐的小铺，更是热闹非凡。

我喜欢去菜场转转，这成了我每到一地必选的科目。菜的品种丰富，肉类、鱼类、贝壳、禽蛋、叶子菜、豆荚琳琅满目。在菜场里做生意的以本地人居多，一口流利的楼塔方言此起彼伏。菜场本是嘈杂、喧闹之地，最有生活烟火之气，楼塔人说话语速很快，语调高亢，这份嘈杂就非同一般了。我决定全身而退，也算长了见识。

说到楼塔，得先说说楼塔人。前段时间收到楼塔一个朋友捎来的两大袋毛团笋。所谓毛团笋，是冬春交替时节长出的笋，个头跟毛笋一样大，口感保持团笋的鲜嫩，烧肉、细炒都是上好食材。由于毛团笋送来过多，趁着天气晴好，夫妇一起动手，又煮又晒，做成了笋干菜。忙完后不久，另一位楼塔朋友又送来两石棉袋笋，这可愁坏了我。言明已经收到过了，推辞再三。他一听收了别人而拒收他的，就不高兴了，笋一扔扭头就走。看着地上的笋和远去的背影，我呵呵一笑。楼塔人就是这样的脾性。任何一个初到楼塔的人，都会感到他们与其他地方的萧山人有着细微不同。比如，楼塔人在市井上说话语气会粗一些；饭桌上向客人倒酒手势会大一些；灯光球场上拼抢篮球动作会爆一些。

楼塔地处丘陵，盛产毛竹和茶叶。我在洲口溪边一个喝茶的铺子坐下来，要了一份楼塔当地的龙井，一份当地的小点。当地的龙井汤色嫩绿，手工古法炒制，入口茶味可以"沉"概之。茶水从唇边迈过牙齿，快速透过舌尖、舌心，向口腔漫过去，嘴巴沉甸甸的，咽水下喉，喉咙也觉得沉。楼塔的茶点也有讲究，我要了一碟麻糍，主人做成颗粒状。麻糍配上蜂蜜，可以沾着吃，也可以拌着吃。在楼塔古镇喝茶，云是慢的，流水是懒散的，没有认识的人打搅，一个人慢悠悠的时光，跟着悠闲、散淡、淡泊一起涌来。

吃完茶起身，就随便走走看看。为了留住乡愁，楼塔这些年进行了局部改造。改造后的街市，突出一个"古"字，做活一个"水"字。古镇、古桥、古溪、古树、古人，通过美学唤醒了楼塔沉睡的千年文化。随意拐进一条里弄，就能觅得明清时期遗留的痕迹：起伏的马头墙、旧时的门锁、白墙灰瓦、精美的门廊木雕、独特的门额题语……无不述说着古镇往事。"腾蛟起凤"的和合人家，崇尚简朴的"瑞应吾庐"，"熏风南来"的水南民居等老宅，均有大家风范和百年故事。

去楼塔古镇走走，你无须被约，但你时时刻刻是赴约而去。从楼塔古镇回来，城市人的精神好了一些，体内元气倍增，正如读一篇好文章。好文章元气充沛，这一团元气在时间之河里发力，把人带到美好当中。

楼塔行

王葆青

有些事物，一旦接触了，亲切感便会增加。楼塔便是这样的事物。2018 年 4 月 22 日，借着浙江诗人采访萧山五水共治活动，我第一次造访了楼塔，当时还写了《采风楼塔兼咏龙尾巴潭》的诗。没想到一年不到，今年的 4 月 12 日，我又一次接触了楼塔，这一次是萧山区作协组织的专门针对楼塔的采风。由于是再一次的接触，楼塔于我，也可以说是“故地重游”了，但是奇怪，楼塔对于我的神秘感不仅没有消除，相反还增加了。

从“岩山”到“岩上”

譬如“岩山亭”。当在这座小小的八角小亭前逗留时，一行人便围在亭畔的碑石上所刻的《岩山亭记》前，那么多探寻的目光，一下子便把时空拉到往古。一座山和一个隐士的传说总是那么迷人，这山便是“岩山”，又称作“仙岩山”；这个隐士可不得了，他是东晋的许询。我趁着间隙，环顾了一下四周，的确是个好地方：三面环山，一面是一条向东的走廊——过了浦阳江便是萧绍平原，中间是千亩平畴，既能深藏，又不闭塞，适合许询那样的半隐之人。但是许询为什么要隐居于此？却没有关于隐居原因的稍微详细点的记载，留下的多是传说，包括王勃的“曾隐征君下钓纶”的佳句。我在后来查询《明清萧山志》时，得到的是

“考勃集无有,然其诗固佳也”的答复。我是信其有,或者说宁愿信其有的。雨果曾谓,在历史模糊的地方,传说往往恣意生长,楼塔便是这样的披上了朦胧色彩的地方,而且很奇怪,随着探究的深入,会发现更多的神奇。

再譬如岩上村,也是和“岩”相关的,这个“岩”的来历必也不同寻常。据《万历志》记载:“南之最高者之镜台山,一名白石山,又名笔架山,岩曰玄度岩。”“玄度”,是许询的字,总之许询这位大名士是与楼塔结缘了。我们是缘着一条溪流从岩山亭行驶到岩上村的,与去年相比,岩上村多了一条长廊,用来记录岩上村的村史民俗和沿革,早先规划的岸砌已经全部完工。我望着饱满的溪水,沉淀着山峰黛色和房舍的倒影,宁静中溅着浮光,凸显出高天云影和季节的光鲜,明媚而敞亮,下游经过挡水坝过滤后形成瀑流下注,流经处可以看到石质的溪底。左前方溪流的拐弯处是龙潭桥,横跨溪流之上,在仙岩山轮廓的呼应下显出秀美。

据说许询祠堂就在河对面(西边),与“东有祠堂西有寺”似乎不一致,我在长廊中观摩橱窗时,也只有“张姓老祠堂已有300多年历史”的记载。不过且不必纠结这些,这恰是朦胧处。历史的变迁,谁能说得清呢?还是来听接待方安排的楼岳中老人讲解历史和典故。楼老年龄在八十开外,一脸的风霜,浓重的地方口音我听不太清楚,但还是大致能够听出那个特殊年代一个修渠的故事:由于想走捷径,那块和许询相关的大岩石大部分被炸掉了,只留下了很小的一部分。我望着那残存的丈余高的石堆,几乎已被杂草和灌木丛覆盖,仍可以看出横遭摧残留下的累累伤痕,上有一株映山红开放着粉白的小花,像是在凭吊。我看着眼前这块已是面目全非的“仙人岩”,不免想起当年毛奇龄登临时“十三始登山，见山如见鬼。十五见山久，踏之似牛豕。仙人之岩对百药，骤见犹然起惊愕……”的场景。由当下石质的河床，联想到更远。关于溪流、仙岩和百药山的那些传说，可详见《楼塔故事》一书，区作协主席俞梁波同志还亲自作后记，饱蘸笔墨和深情写下了《楼塔三章》……这些努力，不知道是否可以稍微平复消失的景致和楼老内心的创伤！

欣慰的是，人们最终懂得了珍惜，珍惜过往，珍惜当下。我在岩上村的长廊里，看到了当下对于这片山水和历史的珍爱。岩上村的长廊，不啻一个微型的博物馆，从民间故事、历史沿革，到关于岩上村变革的重大事件，乃至于倡导低碳生活，无所不包，是个小型高效的文化工程。我从长廊里看到了岩上村的未来，我希望它一如《岩上村歌》所描述的那样“人勤土生金”“和谐安康似锦绣”。当然，我更希望岩上村，在承接过去和未来的结合点上，能够成就一个地方文化的高点和向未来切换的支点。

去往“佳山坞”

顺着国道往深处去，下一站田村，有更多的风景，金钱桥便是其中之一。溪流从两山间穿过，石质的金钱桥横贯其上，借着落差，俯瞰着下游。桥两端枕着人家，一侧的傍水处还长着一丛细碎的鹅黄、粉白的小草花，小草花探着溪流，衬托出山溪野趣。这个场景让我想起磐安花溪春天的景致，只是更质朴一些。右岸有一一米余见方的小巧石亭，飞檐尖顶，雕着鸟兽人物，中间有一石碑，刻今人撰《金钱桥碑记》于其上，有“事有缘起，非身与者不能记其详”之句。而从岩上村一路陪同过来的楼岳中老人正是那个“身与者”的见证人。听楼老介绍，结合看不太清楚的碑记，大致情况是这样的：金钱桥原为木桥，始建于民国八年

(1919),由于不牢固,一次大的山洪来时,桥被冲毁了。于是村民们一起凑份子,出钱出力,终于在1928年造成了一座坚固的石桥。关于造桥的石头,还有一段插曲:原拟采用绍兴东湖石,但是在加工时东湖石出现了破碎,最终就近取材,采用了隔壁富阳石矿的石材。

这便是一座桥的故事。我看着桥的式样和有些簇新的石亭,总疑心这座石桥后来翻新过。临别时,溪对面一株银杏树翠绿得发亮的伞盖映入我眼帘,我想,它当是这段历史的见证。只是,风景和时光,都容易破碎,人们在逼仄的环境下生活、生存,有闲适,更有考验,希望这一桥、一亭、一树的景致,能够流传得更久远一些。

楼塔景观

人们向往一种幽闭乃至独守的情怀,而楼塔并不缺这些,同时,它与山外隔的也并不远,而且风景绝佳,这也许就是让"许询”们留恋的根本原因吧。在十分钟车程以外的佳山坞村，我更能体会到这一点。佳山坞村依山而建，往下是个像喇叭口一样张开的，向东延伸的丘陵平原相间的地形，这和我几年前下庐山剪刀峡后路过的，传说陶潜曾经栖居的“西庐”很像，都是山川的结合处。佳山坞村有个小广场，约有两亩大小，布置有篮球场和其他的健身场地，也可作为晾晒之所。广场靠北的一角有座名叫“祈雨寺”的迷你寺庙，寺名和门前碑石上的《祈雨寺记》都是楼岳中老人的手笔。祈雨寺旧名“王三相公庙”，民国三十三年(1934)重建，改为“佳山庙”。“佳山”者，即《祈雨寺记》中谓“佳山芙蕖”者，其下有小湖曰佳山湖，“佳山村”由此得名。

“晚上非常非常安静”，一旁的俞梁波主席不由得发出一声感慨。俞主席的老家就离此不远。可以想象，一个假日或者平常的周末，劳顿疲惫之余安顿内心，回到这一方生长于斯的水土，在深夜聆听室外的风声雨声，或者担着夜色在山路田亩间散步，该是多么惬意！

从佳山坞往下是成片的居住区。居住区大部分采用两户连体的形式建造，这些欧式风格的小洋楼，整洁的庭院和共同空间中的小花园，哪怕是一处健身场所，或一座公厕，布置得都非常合理，无疑是现代的，是传统乡村的升级版。不变的是内在的秩序，一种古老文明的延伸和蜕变出的新的文明元素和生活方式。

离佳山坞村民居不远处有杭州万松岭美术学校在楼塔的一个校区，非常别致。在学校的办公大楼和教学楼旁的是唤作“洗笔池”的清澈湖水，环池花木掩映，我不由得站在亲水平台上做了几个深呼吸，并让同行的作家华丽为我留下了和同仁们珍贵的合影。正对教学区的是笔架山，后来我知道那就是百药山，笔架山是别名。据介绍，楼塔全镇有七八个这样的培训基地，环境和教育产业相结合，可以看出楼塔镇谋求转型的一种思路。由于要赶往楼塔镇政府食堂吃午饭，我们在美术学校逗留的时间并不长，在坐大巴离开的路上，我们看到了杭州绕城高速西复线的桥墩，也许不久，这里的宁静将被打破，楼塔美丽的面纱将从这里揭开，一个蜕变后的新楼塔或许更值得期待。

造访楼家塔

楼家塔我是第一次到。午饭后在楼塔镇政府五楼会议室听楼岳中老人介绍楼曼文故事时，我便急于造访。我从来没有见过一座村庄和一座名镇，能够像楼家塔村和楼塔镇那样联系紧密，简直就是水乳交融。无疑，村庄更古老，是楼塔的根，是楼塔最大同时也最为古老的家族的繁衍生息之地。

当然，楼塔的兴盛，也要归功于军事上的价值。“塔”的本意，总是和“堡垒”“瞭望台”乃至于“要塞”之类相关联。楼家塔处在萧山、富阳和诸暨三邑的交界处，是非常重要的战略要地，所以才有了钱镠欲置州于此的传说，及山、溪、桥同名的罕见景观，这景观便是洲口山、洲口溪和洲口桥了。其实洲口溪和岩上村的那条溪流属于同一条，都是由龙门山发源，可直通龙门古镇的。至于洲口山，是从属于百药山的一座浅埠，因了钱王而传世。最不凡的当属洲口桥，是楼家塔通向未来的通道，有了它，两岸各种要素就能汇集，最终成就了一座集镇。

洲口桥造型美观而大气，五只六边形的桥拱使桥梁的造型有了连贯之美，分段法简化了建造难度，同时有利于保证建筑质量，据说桥墩里还采用了分水装置。洲口桥整体的石质构建天然和谐，虽历经百年，仍十分坚固。而今它早已是楼塔的一处标志性构建，旁边后来还另建了一座同名的新桥，以为通车之便。

至于上面谈到的五代钱镠和此处的渊源，我猜想缘起的大致时间，很可能是钱镠奉董昌之命“开山路五百里”，平定越州之时，即光启二年(886)。那是一次奇袭，钱镠军从越州州治(今绍兴市)南边的平水出现，打了对手一个措手不及。行军大致路线可能是富阳龙门镇—岩上村—佳山坞一带，绕道今横坑水库进到诸暨，然后沿着今枫桥镇和平江镇之间的山道出平水。钱镠囊括两浙是分阶段的，越州和杭州都归他所有时，他没有理由在楼塔设置要隘。所以钱镠在此地设关隘，一定是在他越州还未得手之时。以上只是我的一个大胆猜想，具体情况如何，要待更多的有识之士考证。

过了洲口桥，便是楼家塔。千百年来，楼家塔的屋舍和百药山隔溪而望的景致，约略是一副定格的图景，如眼前这般。那个春日的午后，我踏入楼家塔，不自觉地产生一种遁入上古的感觉。我们从标有“历史文化古村落”的山墙处拐进去，便恍若走进一个巨大的时光漏斗中，一如楼家塔在谷底仰望时空。细观楼家塔民居的风格，粉墙黛瓦和防火的山墙略带有一点徽派色彩，浙中特色的木墙门，少了些精雕细琢，而氛围更加祥和、闲适。譬如那处三代同堂的“和合人家”的民国宅院，天然纯朴。村落的中心处是楼曼文纪念馆和作为楼氏宗祠的楼英纪念堂，这两处建筑比邻而建。“楼曼文纪念馆”门口有一块空地，平时作为演奏用。我们去的时候正好碰到一群老人们在演奏，那种妙音好似从上古悠然传来。据楼塔镇曲艺学会的工作人员介绍，这便是被列入国家非物质文化遗产的楼塔“细十番”。“细十番”是相对于“粗十番”而言，由于“细十番”演奏乐器中取消了锣鼓，没有了杀伐之气，又称“文十番”。

我们就是在这种优雅的古调中穿行在村庄的厅堂和小巷，

老实说，我心态总是有些游移，但又说不清原委。作为萧山几乎最靠南的后来演化为集镇的古村落，楼家塔从地理位置看，有些封闭。但是我在楼家塔的街巷中行走时，并未觉得闭塞，相反有通透之感，甚至能感觉到不少与时代共通的元素，这些归根结底反映在物质和精神两方面。比如“楼塔十碗头”、古镇口专供迎亲出嫁的“凤仪地”，当然，还有后厅那座已经不存在的老戏台——“和风吹绿竹，清韵入朱弦。月影照重檐，余音绕画栋”，感谢那位不知名的作者写下了这几行字，形象地描绘了管弦之乡把富足的物质生活转化为精神产品的乐韵。

正如“贝多芬”们用音乐塑造了德意志民族总体的精神气质，音乐教化对于赋予楼家塔这座古镇不凡的一面也功不可没。音乐就像媒介，有了它，楼塔和外界就有了一根纽带，使楼家塔免于闭塞，就像我们在下街 41 号——“大丰纸行”的旧址了解到的那样，楼家塔人早就惯于把生意做到山外。更多的楼家塔人走了出去，到杭州、上海那些大城市，到全国乃至于海外，他们用精神和事业反哺故土，带给楼家塔的荣耀，也是不能用言语来形容的。

譬如楼曼文。如果说“细十番”是楼家塔的一张名片，是楼家塔的祖先楼英从明朝廷带回的荣耀，那么，楼曼文则完全可以称得上是另一张名片。这个在楼家塔大地上孕育的巾帼英华，让外界从另外一个角度来重新审视这座古村落的人文价值。

我在楼家塔逗留的时光，差不多有一半是花在楼曼文纪念馆里。能让一位 80 高龄的老人仰视的人物必有其高风亮节。所以，我在楼曼文纪念馆里，对于楼曼文的事迹看得十分仔细。我以为楼曼文的卓越处，其一在于其不甘于蛰伏一隅，力求干一番事业的志向，最终顺应潮流而动。而要做到这一点，首要在能养韬晦之气和能得风气之先，然后出乎其萃，拔乎其类，正是孟子所谓“我善养吾浩然之气”。楼家塔得风水之正，更兼内外通达，乐声传于外，而俊杰生于内，正得其宜。其二是要有那种为了信念百折不挠的气概，这也是我最为钦佩楼曼文处。沧海横流之际最显英雄本色，纵观楼曼文的人生，短暂乃至于厄运丛生，但她仍然能够矢志不渝，这绝非常人所能为！当然，楼曼文的事迹驳杂繁复，我这里就不多讲了，读者诸君如果有机会光临楼塔镇，不妨以楼曼文为样板，亲自给自己乃至于家人上一堂人生课。

我走出楼家塔再次踏上洲口桥的时候，接近下午三点，我在桥上不禁多站了一会儿，近处的洲口山青翠欲滴，而百药山高大的轮影依然缄默，静静的溪流流过挡水坝的悬瀑溅起细碎的浪花，那是楼家塔的絮语，需要一种契机方能感受，譬如当下。

笔墨丹青写楼塔

陈　晖　王新江

楼塔镇，地处萧山最南端，从空中俯瞰，四围的山脉层峦叠嶂，九曲的洲口溪拥抱着楼塔古镇。“四围山色九曲溪，半是仙源半是城”，就是千年古镇楼塔的真实写照。

在夏荷初开的时节，山风吹在人的脸庞上，格外地舒适。美丽的千年古镇，迎来了来自全国的30多位艺术家，他们将参加为期一周的“为祖国河山立传”李可染画院庆祝中华人民共和国成立70周年楼塔站写生活动。

艺术家们徜徉在古镇的街头巷尾、仙岩山、雪环桥头、东纪坞水库边，他们支起画架，或临溪而坐，或举目远眺，汲取古镇深厚的文化底蕴，他们用跃动的笔触，描绘楼塔秀丽的山川和古镇风韵，千年古镇充满了浓浓的墨香，再一次让古韵楼塔焕发出了勃勃生机。

在东纪坞水库边，来自李可染画院的青年画家张渭川正在创作，古色古香的建筑，蓝天绿水青山一一呈现在画纸上，张渭川手拿画笔，高兴地说：“楼塔这个地方我第一次来，以前去过杭州，但是萧山楼塔只是听说过，这次来了感觉比听说的要好。你看这个自然环境、人文环境，包括乡村建设的打造，给人感觉特别舒适；人也很亲切，我们在这写生、采风，大家很愉快。”

深厚的人文积淀更深深地激发了艺术家的创作灵感。李可染画院的青年画院外联部主任赵向东就对楼塔"细十番"、楼塔民间传说产生了浓厚兴趣，他在创作闲暇，把《楼塔故事》等书籍进行了认真的翻阅，加深了对当地文化的了解，创作了富有楼塔内涵的艺术作品。

而楼塔古镇的自然之美、生态之美、人文之美更吸引国内画界大咖的目光。六天的写生活动，李可染画院青年画家李庚、王海昆、楼有刚、李仕明等 30 多位艺术家，现场创作了多幅风格各异的画作，美丽的山川景色，穿越了画卷，向我们徐徐走来。

李可染画院李庚院长深情地说，他母亲是杭州人，父母两位老人对杭州、对萧山都有着深厚的感情，他本人对楼塔也有很深的情怀，他表示，美丽的楼塔是李可染画院楼塔艺术中心落户的基石，今后，艺术中心将作为文化桥梁，在助力楼塔开启"文化+"发展战略上，发挥更大作用。

地地道道的楼塔本地人楼有刚是萧山美协副主席、萧山画院副院长，他全程参与了这次大型写生活动，面对李可染画院组织的这次活动，他欣喜地表示，画院组织者有眼光。楼有刚说："楼塔喜爱书画的人很多，经常有不少人在一起切磋技艺，交流创作经验。如今，李可染画院的艺术家来楼塔写生创作，双方的交流活动，对提高本土书画爱好者创作水平有促进作用。"

"东有祠堂西有寺，清风岩下百花春。"在楼塔，三代艺术家用他们的画笔，用不同的艺术语言，画出了中国乡村未来的样子。

楼塔印记

黄坚毅

楼塔在萧山的最南端,有萧山南大门之称。那里青山叠嶂,远黛近墨,水库连环,溪水潺潺,天空湛蓝,风景秀丽。那里的人民剽悍,喜欢运动,也爱凑热闹,有时还喜欢打架。这是与萧山其他地方不一样的性格特征。

楼塔有篮球之乡的美誉,篮球属于他们全民老少都喜欢的运动项目,楼塔人爱看球,也懂球。楼塔人的文化很有地方特色,那“细十番”民间音乐别具一格,被列为国家级非遗项目。楼塔的佳山坞一带,还盛行很特别的半年节,在每年的农历六月十四,家家都像过年一样地举行仪式,热闹吃喝。楼塔人在上梁、结婚等喜酒宴上,还有一道很特别的大豆腐羹,十分美味可口,又是其他地方所没有的特别佳肴。

楼塔的开镇历史要从残唐年间的那个风雨飘摇的时代说起,一个叫楼晋的将军,他是浙江都兵马使钱镠的外甥。楼晋追随钱镠讨伐盘踞在钱塘江南岸的浙东观察使刘汉宏,经过几年征战,钱镠、楼晋率部打败了刘汉宏的部队,并占领了贞女、黄岭、岩下三镇,这三镇就是楼塔的前身。楼晋见楼塔虽然地势险要,山峦峰叠,但也是有田可耕,有柴可伐,于是他便在洲口溪南的沙丘上肇基发族,屯村驻扎。这里渐渐发展成集镇,因楼晋姓楼,此地便更名为楼家塔,楼晋成了楼塔楼姓人第一个祖先。

半年节

楼塔人对他们的祖先楼晋十分敬仰，在东纪坞水库还保存着楼晋先祖的坟墓。几年前，我去东纪坞水库采风的时候，还到楼晋的坟墓拜谒过，他的坟墓就在东纪坞水库前面一个叫大岭山的地方。走到山岭上，只见有好几个墓地，据说楼晋和他的几个子孙都葬在这里，看到了一个亭子，叫溯源亭，上面写着一幅对联："执掌兵部，运筹帷幄辅君王；仕职翰院，鞠躬尽瘁理朝政。"写的就是楼晋的一生吧。

千年古镇楼塔，到处青山绿水，处处都有动人传说。在入镇口的洲口溪，走上洲口桥，一眼望去，溪水清澄见底，游鱼若现若跃，水草飘摇浮动，一湾浅浅的溪水在布满鹅卵石的溪间行走，天空中湛蓝的云彩倒映于溪间，在溪水上飘浮和游动，像一幅幅的画布印在溪沟。看洲口溪两岸，则是民居层层叠叠，街巷纵横、深宅大院、青砖灰瓦、鳞次栉比。

此时想起一个传说，当年钱镠在打败刘汉宏后，来到了洲口溪，在岩坞口的山岗上建旗祝捷。在洲口山麓，钱镠见洲口溪如龙之蟠，环绕于村，仙岩山如虎之踞，且地扼两浙要冲，战略位置十分重要，他当时有过一个在此筑城设州的念头。“继以地类沙积，恐不堪万年基”，于是他便在洲口山石壁上以斧验石，连劈了十八斧头，发现岩石脆软，就放弃了设州打算，而决定在黄岭设军镇守，并令甥楼晋驻守。而这十八道斧痕就保存在了这个山崖上，形成一道很奇特的风景。据楼塔人说，这个山岩上的十八个斧头印子，在中华人民共和国成立后，被一个炮匠抹掉了，令人扼腕。当然，这样一个传说，我们也未知真假，不过美妙的传说总是十分动人的。所以我们希望这样的美妙传说一直存在下去。

楼塔还有一个古名叫仙岩，这个地名也会让人想起一个美妙的传说故事。楼塔古称“仙岩”，因东晋名士许询在此隐居，并羽化成仙而得名。

唐朝时代，诗人王勃被贬，途经萧山时，还专程来到仙岩追慕许询，他在传说许询的垂钓之石上题诗一首：“崔嵬怪石立溪滨，曾隐征君下钓纶。东有祠堂西有寺，清风岩下百花春。”

带我们一行的有一个老者，他虽然80多岁了，但身体十分硬朗，思维清晰，他带着我们一路走去，每到一个地方，他便要介绍这里的历史变革、风土人情。他总是娓娓道来，脱口而出，言谈举止中透露出智者的灵光。他叫楼岳中，原来是一名中学老师，主要开展物理方面的研究，但对文学也是比较喜欢，特别专注于对楼塔历史文化的研究，可以说是楼塔的活地图。

老人自己的故事也很传奇。他在年轻的时候，很热爱文学，在20世纪50年代就发表了10多万字的文学作品，但在反右运动中，他遭池鱼之殃，受到了牵连，之后便封笔辍学。“文革”结束后，他担任了物理教师，对 IT 行业特别感兴趣，晚年则是对家乡楼塔十分钟情，走遍了楼塔的山山水水，实地考察楼塔的一草一木，并记录于案头，经过十多年的考证和探寻，在认真探幽、寻胜、访古的基础上，开启笔端，写下了 20 余万字的《楼塔往事》。《楼塔往事》并不是一本楼塔的历史纪事，而是通过楼岳中先生独特的视角，凭着他对楼塔的热爱和了解，对楼晋开镇发族、仙岩八景、神医楼英等方面的记述，思路清晰、文笔朴实、思考独特、感情真挚，是人们了解楼塔的启蒙读本。老先生还很幽默地说，为了去探寻楼塔的历史史实，他六次上百药山，有一次登上山去摄像，结果跌了一跤，跌断肋骨。他把这个情节也写进了书里，表达了自己风趣的乐观精神。至今他还精神矍铄，思维相当活跃，对楼塔的历史人物如数家珍，了如指掌，每到一处，他都会滔滔不绝地说出这里的历史情况、风土人情，他丰富的知识和超强的记忆力，真是很让人敬佩。

家乡，我魂牵梦绕的地方

俞登峰

19 岁时，我离开家乡，来到英国留学。闲暇时节，我最喜欢来到英国的乡野，呼吸着清新的空气，仿佛回到了自己的家乡。我的家乡可以用青山绿水、钟灵毓秀来描绘，这里有千年的历史，人们日出而作，日息而归，生活惬意；那山、那水有特别的水灵情韵，令人无法忘怀。

那时候，我就想，无论今生漂流到何方，家乡始终是我最美丽的惦念。

我喜欢站在家乡的洲口桥头，念着这些很有诗情画意的名字。“水汇浙江东入海，峰峙萧山南柱天”“四围山色九曲溪，半是仙源半是城”。家乡之魅力，在楼塔的溪河。那洲口溪自富阳常绿流来，经过仙岩山后贯流古镇，并一路向东汇入钱塘。

我喜欢凝望家乡古镇，古镇煞是繁盛，也煞是喧闹。漫步在古老而幽长的弄堂、乡韵浓浓的台门和天井之畔，仿佛又听到长辈们讲述的故事，许询隐居成仙、支遁论道讲经、黄巢点化从善、楼英著书立说……

我喜欢家乡的林海，喜欢竹林的幽深以及竹梢上时不时传来的几声鸟鸣，我和姐弟在里面躲迷藏、挖鞭笋，有时也捉来几只不知名的小虫，用线绑了腿带回家养着；竹林里有竹鞭，盘根错节，我们用小锹顺着竹鞭铲，听到大人的脚步声，吓得丢了小锹没命地逃。

我喜欢家乡的清泉，喜欢在放学的路上，趴在路边的泉眼里畅饮，然后猛地起身踩浑泉水就跑，任后边的同学对我怎样地龇牙咧嘴，我只嬉笑不语。我喜欢家门口的小溪，在夏季，与小伙伴们在那明镜般的水面上扑腾学泳，累了，就在石头下摸泥鳅、捉小鱼。

我喜欢家乡的水牛，喜欢它的温驯、敦厚。想骑它而够不着时，用小手在它脸上、背上轻抚一阵，它便跪下前蹄折着脑袋让我们踩着牛角往上爬。牧童唱晚，春风拂面，淙淙清泉映炊烟，牛背上的童年，牛背上的得意，勾勒了我人生的一段缤纷。

哦，家乡，有我太多的喜欢、太多的童年印记，那令人迷醉的溪桥晚钓，那旧弄古巷里的明清建筑，那弯曲滴露的田坎，以及我家那只非常有灵性的犬……

在异国他乡完成学业后，我义无反顾地回来了，用学到的知识为建设美丽家乡添砖加瓦。

如今，我幸运地看到我的家乡发生了变化，全域大整治、美丽乡村建设……千年古镇脱胎换骨、凤凰涅槃。而历史文化古村落、国家级非物质文化遗产、杭州书法名镇等一顶顶桂冠也接踵而至；随后，一项项传统工艺也在复兴，更有一家家画室落户在古镇。我知道，这个融合了“小桥、流水、人家”的诗画情怀的梦已初见端倪。这其中，有你我的一份辛劳。

楼塔买菜小识

李利忠

长久以来，读书于我，入心入脑的可谓“多乎哉？不多也”，但多少年前读过的一句“君子远庖厨”，倒是念兹在兹，无日或忘，并能举一反三，推而广之，对诸如农贸市场一类的存在，向来采取避而远之的策略，以示洁身自好、不同流俗。不想这次远来楼塔，下榻的所在，恰好比邻农贸市场。一宿无话。第二天一大清早，我找了家街头小店，饱食打面一碗，正心满意足地施施然往回走，忽听得一声招呼，却原来是孙昌建、陈博君两位作家老师，正相偕逛菜场来着。难得见这两位全然一副居家男人做派，我当即跟了上去。

“这菜蔀头鲜不鲜？”“毛笋一早挖的是吧？”两位老师身姿挺拔，他们多此一举的询问，犹如一枚石子轻盈划过平静的水面，在四周溅起的一片斩钉截铁的承诺间，他们眉头紧锁，仿佛是在识别真实与谎言。陈博君老师更是一秉“知之为知之，不知为不知”之精神，但凡有不甚明了、难以把握的，大抵都能做到不惮其烦，及时用手机向太太再三请益。见两位老师流连其间，乐此不疲，我自然也不能叫苦不迭，我先是于脑中赋诗一首并从容推敲之：“古镇春来物焕新，溪山夜雨洗莺晨。芳芽新笋盈街市，长食当为不俗人。”接着是检讨自己，觉得相比于孙昌建、陈博君两位老师对生活满怀的怜香惜玉，我的确算情趣寡淡。

这个清早，在楼塔镇农贸市场，我亦步亦趋，紧跟在孙昌建老师、陈博君老师后头。有一瞬间，身旁的各色菜蔬深切打动了我，让我觉得自己实在应该来这也摆上个摊。

后来回到房间，我冷静想了一刻钟，觉得当真能在楼塔镇农贸市场摆个摊卖菜，还是挺鼓舞人的。就说这孟子吧，别看配享孔庙陪孔夫子吃冷猪肉多年，招惹得身后一大拨人像他一样看到菜场都绕着走，他要是生活在当下，混迹市井，不再有人当他是“亚圣”了，或许比我们还要张皇无措，最后大约也就只能在菜场摆个摊罢。其实，在菜场白瓷砖台面上摆开的各类菜蔬，比许多自以为真理在握光芒万丈的人更懂得一生要坚持什么。它们各守着各的颜色、各守着各的滋味，西红柿就是西红柿，马铃薯就是马铃薯，一点也不含糊。

另外，菜场多少也算是自由祥和之地，除了孙昌建老师、陈博君老师等顾家有趣的名流，一般不会有“伟大”的人物经常光顾，也绝少有关系重大的是非发生。尤为重要的是，孙昌建老师、陈博君老师自会不时前来照顾我的生意。“这菜蔀头烧汤落胃。”我想象着他们乘地铁、搭公交大老远地赶来，踱到我的摊前，与我讨价还价、交流厨艺的模样，不觉沉醉。

像楼塔人那样热爱生活

马毓敏

楼塔是萧山众多乡镇中的一个。

楼塔是萧山南部的一处特殊存在。

楼塔肇基很早，但地处很偏僻，在《世说新语》中，它被称为“永兴南窈穴”。

楼塔曾是东晋名士许询隐居之所。地虽偏僻，架不住许询的名人效应，前来探班拜访的人员络绎不绝，上至达官，下到贩夫。许询还把一所宅院舍给当地作了寺院，其香火之盛，一时无二。

大山深处的楼塔人，敬天礼佛，重道兴教，对生活更是热爱。

在楼塔，你走进每户人家，主人都会将你当成贵宾。汲烹山泉水，香泡屋后茶。吃饭的时候，一定要做一碗楼塔大豆腐作为款待。这可不是普通的家常豆腐。相传，此乃楼塔“神仙太公”楼英当年用来救治病人的。有一年大饥荒，楼英诊治一位面黄肌瘦浑身乏力的年轻人，知是饥饿引起，见他家灶上放着一盘邻居送来的豆腐，菜橱中尚有过年时剩下的几根肉骨头，就建议其家人去山上掘些春笋。青年吃完这碗热气腾腾的豆腐，发现力气又慢慢回到了身上。从此，这张“豆腐疗疾”的医方就在民间传了下来。楼塔人家前有溪后有山，心灵手巧的主妇们会随季节的不同，不时在豆腐中加入诸如香菇、木耳、黄花菜、开洋、虾米之类的食材，使得这道被山外食客津津乐道的楼塔大豆腐呈现出众多不同的口味。你春天吃到的楼塔豆腐，鲜香萦颊，在秋天，其滋味会变得甘甜，舌尖有浓得化不开的醇厚。“麻雀豆腐绍兴人”，是民间俗语，意谓全天下都有这三种物事。“麻雀”是鸟界的流动大军，绍兴人可说是中国的“吉普赛人”，这两者，都在寻找存身的最佳之地，哪里适宜生存就在哪里扎根。而豆腐，一种最中国的菜品，清清白白，四四方方，西方人怎么吃，我不太清楚，但在中国，热炒、冷拌、酱渍、发酵，时光会成全所有的巧思异想，呈现在大众面前的豆腐，带着主人气息，让人齿颊流芳，滋味隽永。楼塔人采撷山珍水馐，连同造化的恩赐，一并烩入这碗豆腐之中，成就独一无二的人世美味。

山环水绕的楼塔，民宅依山临溪，空间虽然逼仄，但村中有的是公共活动场地。元和十年(815)，白居易被贬到江西九江，在江州司马的任上，白居易心情抑郁，吐槽不断：浔阳地僻无音乐，终岁不闻丝竹声，住近湓江地低湿，黄芦苦竹绕宅生。说来也怪，楼塔地理环境与浔阳差不多，古书中记述的“永兴南窈穴”之“窈穴”二字，即指楼塔山高林密，洞穴幽深，人迹罕至，虎狼出没，但是热爱生活的楼塔人，把神仙太公楼英当初从宫廷里面凭记忆带回来的“细十番”，记录下来，发扬光大。从明朝到清朝到民国到现在，“细十番”已经成了楼塔的地标。每个节假日，楼塔的广场上丝竹悠扬，身着演出服装的“细十番”演员，神情专注，指法娴熟，演奏着一个个诸如《望庄田》《一条溪》《百畈》的曲目，把农业社会中人心向往的美好生活寓居于内。每逢年节或者庙会，演员们吹打着笙箫管笛等江南丝竹，迈开四方步，红灯笼引路，黄罗伞开道，以士大夫的风度，读书人的儒雅，行进在楼塔的每条街巷，将楼塔闹腾得山欢水笑。与他们形成呼应的，是四围簇拥的观众，稍加观察，就会从人们脸上发现些许差别。那满是自豪神色的，是当地的村民，这是他们世代相传保存完好的祖宗遗产，是独特的“这一份”。那满是惊奇惊喜惊讶之色的，必是远道而来的游客。幽静僻远地，鸟飞不到处，音乐是纽带，音乐是心声。俞伯牙遇钟子期，高山流水传千古。白居易当年在浔阳江头夜送归客之时，听得歌女的琵琶弹奏，当即奉为“仙乐”。在楼塔行走，“细十番”和着春花秋月，澄澈每个人的心灵。

仙岩山，洲口溪，不知是先有山还是先有溪，抑或许是同时有之也说不定。上天对这一方“永兴南窈穴”之地心存厚爱，山明水秀也好，秀山丽水也行，总之，楼塔这一方土地，钟灵毓秀，人才辈出。从“神仙太公”的悬壶济世，到楼维清的不屈抗日，每到国家民族遭遇急难之际，楼塔儿女总是挺身而出，站在前列。1922 年，14 岁的楼曼文，成功反抗了父母包办的封建婚姻。在杭州女子中学结识杨之华后，阅读进步的书报，思想很快发生了转变。为与旧生活决裂，她把长发剪短，整个人看上去英姿飒爽。1926 年楼曼文加入中国共青团，并结识了地下工作者，也就是她后来的革命伴侣——蔡叔厚。在其培养帮助下，1928 年，楼曼文加入中国共产党，投入到艰难危险的地下工作中。1932 年，楼曼文根据党组织安排赴莫斯科列宁学院学习。1941 年 1 月，由于回程受阻，楼曼文等一行人只得临时待命于新疆，经组织安排，她化名崔少文，以俄文教员的身份前往迪化（乌鲁木齐）女子中学，开展抗日统战工作。1946 年，被组织营救回内地的楼曼文积极参加到土地革命当中，直到 1949 年生命的最后一刻。在参观楼曼文烈士纪念馆时，有位白发老者情不自禁吟诵道：“只身赴沪迎风雨，革命低潮心更红。敌后埋名情报站，狱中斗争守贞荣。”四句短诗，全面概述了这位楼塔女英雄一生的光辉事迹。罗曼·罗兰说过:“世界上只有一种英雄主义,那就是看透了生活的残酷之后依然热爱生活。”楼曼文就是这样热爱生活的英雄,她是楼塔的好儿女,也是中华民族的好儿女。

仙岩山的石头,洲口溪的水。徜徉在楼塔明明秀秀的山水之间,我对这方“永兴南窈穴”的土地产生了深厚的依恋之情,不为别的,只为生活在这里的人们,活得恬淡,活得率真,活得勇敢。

诗·词

山水桥

回家了[①]

方荣欣

回家了
妈妈
你的儿子
把你呼唤……
回家了
女儿
你的故乡
向你招手……
回家了
英雄
你的楼塔
给你立传……
正如当年
你静静地走出家园
饱含稚气的双眼
前往把这个世界打探
正如当年

① 这是 2018 年 11 月 25 日，在楼塔镇“楼曼文纪念馆”开馆和揭牌仪式上，作者作为楼曼文烈士的儿子在发言里为母亲作的一首诗。

你用剪发反抗封建
汲取了进步思想
批判旧社会力量非凡
正如当年
要打碎桎梏的锁链
满腔的爱国热情
牺牲自我为理想而战
到家了
立冬了
这里是萧山楼塔
到家了
安睡吧
这里故乡有梅园①
清溪流水
千年古镇
白墙青瓦
文化传承
红色基因
爱国基地
巾帼忠魂
悄然归兮

---

① 梅园在诗里有多层含义，梅园是楼曼文的小名。同时，杨梅是浙江的特产。

我的魂丢在了楼塔溪

美　芬

我怀疑自己是来到了
一个前世祈求的地方
这里的山峰绿意饱满
吸入的空气带着香甜
一条楼塔溪
以瀑布之势
绵延向东
溪水清冽
沟底裸露的巨石
干净如洗
我怀疑这地方
自己曾在梦中来过
潺潺的溪水间
有我许下的心愿隐约可见
河上横跨的龙渊桥
分明是一条腾飞的龙
它纵身腾跃的刹那
便在溪沟上空划下
美丽定格

我或许是在梦中
曾登临此桥的龙之背
欣赏过桥畔
这座巍峨的山峰
石块嶙峋异样清峻
绿树丛间不知名的杉林
色彩迷离如烟
也许我前世来过这地方
否则缘何一到此地
便脚下生根
魂魄一下被吸入溪沟底
冥冥中我听到楼塔溪的耳语
人可走,魂灵可留
在这江南的四月
甜润的空气如仙气
似梦非梦间
我把我的魂
丢在了楼塔溪

静静的楼塔，衍生了时间的产物(组诗)

孙海东

细十番

年代很久,歌颂大禹治水的旋律
在丝竹之间,再次如陈年往事
一一扣人心弦

笙、箫、笛、琵琶、二胡……
同时响起,忽急忽缓
忽高忽低,忽在时空穿越之间

仿佛听见仙岩山那边
溪流的吟唱
云烟,在风里淡淡而舞

古老的街巷

静静的,剥落的墙
刻上岁月光圈,一些老去的人
只剩下被人提起的姓名
他们曾是这里的主人

他们相关往事,至今落在记忆里
或者供人细读的石头上

静静的,经过若干年
仿佛没有改变
幽深的小巷,一次次告诉来客
原来的我
今天是我,昨天或许就是他

或许,若干年以后
我就是他,他也是我

楼英,医学与音乐的代名词

他与楼塔之间的关系
就像他行医
与音乐合二为一

他能从楼塔走到皇宫
又从皇宫走到楼塔
只为他的悬壶济世
让普天之下都能感受到
他来时的脚步
去时
“细十番”的旋律
仿佛只为他回荡人间

半年节

佳山坞,把一年折成两段
半年节便是这里的绝唱

他们像对待春节一样
虔诚地拜祭,那些神灵和先祖
他们的拜祭,愿望其实很简单
——平安的人,平安的心
都如风调雨顺一样
接受大自然的馈赠

在楼塔行走（外一首）

雷元胜

一只鸟或者一群鸟
一千一百二十二次
列队飞翔
在楼塔，我分不清洲口溪、楼塔溪、仙岩溪、大同溪
还有大黄岭、百药山、仙岩山
这都无妨，没有人活得
比他们更自在
我也是
故乡嘴里衔落的一枚果子
三十八年了
还在寻找安身立命的河流与山川
每天独自拨弄琴弦
呕哑嘈杂，不成曲调
却乐此不疲

听“细十番”

仅用一把板胡便可以引出
十番锣鼓、万马奔腾以及
稻花香

楼正寿，凝神静气
七十年自得其乐
我还看见草原清风
和醇酒
行医者楼英背着药葫芦
正缓缓归来

百药山下看龙潭——兼致梁波

天　界

楼塔溪像一条老龙盘过笔架山
山上有花,有深潭,有仙药
东晋的名士风流,而许询不知生死
他们善于逃避,假装归隐
羡慕有人从小在龙潭里清洗笔砚
等待皇帝老儿下诏为官
落日坐着火烧云鸾车,巡视楼塔溪
金光撒下,如一个人散尽银子
听鸟啼虫鸣
溪水那么美
美到骨头俊朗
美到书生的手般好看
龙从未离去
龙门必须单行
古老的飞檐斗角
刚好够一枚月亮
荡起秋千

楼塔溪

白　地

这里,没有楼和塔,女子们
早些年生下了姓楼的孩子
就去种树看花了
春天,每一年都来临
夏天,每一年都悄悄离去
沿溪而上
没有慌张的人群
日子
就是溪中的水,一直流
有时近,有时远
水经过流动
没有了浑浊的声音
鸟儿们都呼喊女人去了——
我们走过桥的上方
可以听到
它们欢悦的叫声
好似
它们的塔一直都在这里
它们的楼就在这旁边的树上

这些楼从不曾摇晃,似乎在说
——我的楼,不是你的楼

大同溪(外一首)

陈统魁

那段蓝乱了天空
溪在指尖荡开
楼塔的主动脉
追随日光下闪动的细碎
很多时候,把沉默塞进溪里
翻耕高高的天
能看见燃烧一生的沉静
如旷野上的菊

楼塔溪

站着替代另一个
交出黑暗,交出被城市炮制的岁月
独立站着,占有旷野
风吹不动影子,拥入桑田
头在龙门,龙尾在此
从小小的针眼赶路
走出鹰翅苍茫
走入树木的深度
慢慢沉成一棵树,根一样
在水流退回的地方

龙潭桥上的风景

东方浩

这个春天
龙潭桥的安静被突然打破
一群远道而来的诗人
用惊讶的目光和叫喊
侵入古老的河流
乡村和青山
就连王勃的诗句
也再一次从泛黄的书籍里
清晰地闪烁在阳光下
仿佛一种微笑或者赞叹
一一走进这群后来者的心中
村民们熟视无睹的拱桥
石阶和浪花
今天却被更多的诗句轻轻抚摸
而春天的风
同样是轻轻地传递着一样的心跳
在龙潭桥
诗人们整齐地举着手,整齐地呐喊
这样一种致敬的姿势

是对古老流水的热爱
是对高山和清澈的感谢
——必须记住这瞬间的风景呵
一条溪流的古朴和沧桑
总要被无数年轻的嗓子歌唱
一种流水的清凉和甘甜
总会被许多深沉的诗歌品尝
四月的这个正午
楼塔溪的声音漫过岁月的堤岸

楼塔的水

建 明

看着窗外连续的雨水
墙上湿湿嗒嗒的水珠
我的心里忽然想起一条河
这是一条河，叫永兴河
这也是一条溪，叫楼塔溪
一个多么美的名字
镌刻在心尖
拥堵在脑海
楼塔背靠大山
也有江南水乡的景致
清清溪水的气息
仿佛都在提示着一种情致
清丽的溪流
或临山而流
或穿村而过
这独特的地理
给了楼塔一缕水乡的韵味
遍布楼塔的水井
更是山乡一绝

这些珍珠一般的井潭
镶嵌在楼塔的角角落落
为楼塔增添一份异样的诗意
一汪水,就有一个故事
一汪水,就有一份静寂
一汪水,就是楼塔最好的注脚
它们在春天寂寥的风中
轻轻抚慰我的天真
楼塔的水
也许是江南的眼睛
早已看穿了明清的小说
在这样的仙境
泡一杯香茶静静地瞭望
看仙岩山的旭日
听“细十番”的仙音
品古镇民俗文化
赏楼塔的土特产
宛若到了湘西
隐隐约约看见
沈从文忧郁的眼眸

龙潭记

林　华

这是萧山最有气势的一条河
没有之一
他有个非同凡响的名字
叫作龙潭
无论是飞龙在天
还是蛟龙在渊
这个中华民族的图腾
自古便是人们崇拜的天神
或许，楼英在翻过百药山时
曾在此驻足
他将手上的灵药
悄悄放进了龙潭里
楼塔的山水，从此便自带仙气
如此眷恋龙潭
还有个不为人知的秘密
多年前，邂逅过一个人
至今仍饮，龙潭水

仙岩山中（外四首）

陈开翔

溪水，日复一日
静静地流淌着，在山中
不用抬头，就能看到
神仙

端坐于天空，还有
那些无名的云朵，多么像
静静漂浮着的鱼，等待着
神仙的召唤，在水边
不要去惊动水中的倒影
那是，人间万物
美好，而又最容易破碎的一面

路过老屋时

路过一处老屋时
春风半卷，竹帘动
柴门虚掩，犬吠声

一树玉兰，努力地

从墙内探出头来
花瓣静静地飘落，在风中
无限接近于
墙外的泥土

访一个叫楼英的人

车前，半夏，桑梓叶
远志，当归，豆蔻花
……

默念着药方，去小镇
访一个叫楼英的医者
他住在大明，隐居于小镇
常用一种叫“细十番”的音乐
做药引子
上医皇族，下治百姓
不知道，能否
让一个患上怀乡病的人
驮着故乡上路

细十番

很多种乐器，在一口大锅里
翻滚、沸腾
最为亢奋的，是唢呐
它引领着一帮子兄弟
穿梭在小镇，迎送着

古往今来，那些
胸怀大志，仗剑天涯的人
春风得意，凯旋的人
少小离家，满面沧桑的人
……

老街上

巷子的尽头，是另一条
巷子，青石板路上
脚印覆盖了脚印

要去大明朝，必须经过
涂有标语的新中国
在民国稍作停留，然后
一口气跑完清朝

时光之外，燕子
从大唐朝赶来
终其一生，飞不过
一面白墙

找到故乡的魂魄

缪佳祎

我奔着龙潭而来
想象龙尾
在楼塔溪拍出历史云烟的浩荡
黄巢从唐朝掷出的那把剑
是否已在潭底锈迹斑斑

没有人能找到一把虚无的剑
但可以在传说里
找到故乡的魂魄
犹如神迹的降临载入书卷
供后人传诵,吟唱

在楼塔

周小波

在清澈的水面上，一条船
随性地飘着，正午时分
渔夫小睡在船上

水镜子抱着蓝天和阳光
赤条条的鱼扭着肥臀，在水面咀嚼着蓝
它不知道咬破了天

想喊醒渔夫，渡我肉身过河去
可须弥不在对岸
只是想找失落的另一半翅膀

春天，自带着水和嫩芽
四月的细腰能拧出果实来
水的肋骨下，鱼儿都成了快乐的小妖

采风的人扶着风
摇摆在
沉醉中

楼塔，每一天都在更新自己

卢艳艳

1

一条溪流，从此地穿过。带来两岸山明水秀
一位东晋名士在此地隐居，沐清风而羽化成仙
在一个沙丘上肇基发族，在浙东浙西的咽喉通道里
设军镇守。山水楼塔，总有生命的美丽蝶变
更新着历史，永不停歇的发展和传承之旅

2

1121 年的光阴，流淌到这儿，把每一块岩石洗净
再沿着山脊，寻找源头和根
从楼晋攻守黄岭，自唐末形成集镇
楼英、楼殿英、楼曼文……历代名人辈出
劳动者的离合悲欢啊
在这片群山环峙、岭高峰峻的险要之地
被一代又一代的人们，命名和传承

3

走在老街的弄堂里，随处可见
明清时期留下的黄铜门锁、雕梁画栋……

脚下这条百年鹅卵石路啊，见证了
“古韵楼塔、清水小镇”的 70 年光辉历程

4

是仙岩，还是楼塔？是望妆台，还是望庄田
并不重要
重要的是政通人和，晨钟暮鼓
在自己的家园里生活、劳作、繁衍生息
曲牌名叫八板，还是八畈？叫一条枪，还是一条溪
也不重要，重要的是凯旋，丰收在望
楼塔民间乐曲“细十番”的戏啊，一场接着一场
从古演到今

5

没在佳山坞村过一次“半年节”，等于没去过楼塔
没在农历六月十四，与奔忙了半年的亲友
欢聚一堂，等于没去过佳山坞村
杀猪、宰鸡鸭、裹粽子、放鞭炮、大宴宾客
这热闹情景与过年如出一辙。这一天
是聚会叙旧，还是祈雨祈福？已不重要
重要的是勤劳的人们啊，迎来
一年又一年的风调雨顺

6

一次次转身，一次次蜕变，一次次美梦成真
造纸箱、服装轻纺、电子电声、五金机械、纱艺花边……

楼塔在现代化建设大潮中迅速崛起
蔬菜加工、花卉苗木、生态果园、水产养殖……
农业在不断加快产业结构步伐中，丰富了种植模式

7

“细十番”、龙灯、马灯、彩灯
异彩纷呈
李可染画院，首次在乡镇一级
设立艺术中心——
“文化艺术之乡”称号，名不虚传
31 个自然村，处处建有球场，村村成立了篮球队
不愧为“省体育强镇”

8

渴盼甘霖，骄阳如火的天空，突然降下大雨
这更像是一个绮丽的梦境。但高山在望
以梦为马，以爱为名，以人为镜
每一天，都是登峰攀岩，在这个千年古镇
日出而作，日落而息的生活，让每一个
有梦想的人，每天在朝阳里打开，崭新的自己

龙尾潭

谢　墨

喝了楼塔溪的水
才知道
楼塔无塔,却有大围涂[①]
和龙尾拍打出的潭
深不见底,至今
尚未捞出黄巢当年掷下的剑
当年的杀气,一定已经
洗干净了
现在,我们
就站在龙潭桥上
举起诗的旗帜,拉起
一支青山绿水的义军

① 楼塔人俞梁波长篇小说《大围涂》。

一块来自东晋的巨石（外一首）

许也平

据说，这块来自东晋的巨石
仙岩，东晋的许询
在此得道，成仙
在楼塔的传说中
巨石像一个巨人
站立于溪水之中

如今，这块来自东晋的巨石
风化出土壤
长出树木、小草、花朵
幻化成山的样子
像一个男子汉
顶天立地

大黄岭

在浙东与浙西之间
大黄岭是一道屏障
严严实实，昔时——
金戈铁马，兵家纷争不绝

害苦了寻常百姓
在如此秀美的山涧
在楼塔,四季都是翠绿的
即使飞鸟吐出的果粒
落地发芽,也会长出茁壮的树木
开花结果

楼塔古巷

亚　兰

时光的那头
静如这小巷
小巷的上头
一条无欲的小溪
映射出老墙的斑驳
拨弄
砖缝镶嵌的古旧往事

追逐于巷间的你我
窃窃私语中的青葱
幽会的巷口
不经意中烙下岁月的痕迹

志高存远的离别
我渴望你转身的抚摸
而你义无反顾
丢下我,泪水湿了墙头
小溪依然缄默

斗转星移，孤寂的夜晚
壁虎沿墙无声
蜗牛盘踞缓慢
窗扉之外的唉嘘
自叹光阴如溪流

思恋如小巷般悠长
魂儿一直萦绕在乡思里
重显的青砖黛瓦
巷口，苔藓与野草
丁香般的女孩
穿行于古巷
楼塔，时尚与古朴共舞

忆楼塔

李沅哲

是谁将笔墨轻点唤醒一只燕
它从依水的柳帘,裁剪四月的春光
揉碎在洲口桥的清波
而我,倚在桥边的阴影里
将千年前的月光打捞

从岩上村到田村,再到
家家溪水入户的村落横街
那些蜿蜒的脉络,携带着古朴的快意
在我内心叮咚作响

青山灵木,石露清潭
铁皮石斛织就一派人木相协的生动
仿佛就是这渴望安静的隐逸
才长出了飘逸醇厚的楼塔,长出
浑身沾染仙气的清水小镇

记忆如同被落日余晖拉下的长长倩影
游移成一抹岁月的诗行

不经意间捡起，却又散落一地
借一支画笔和炫彩的颜料盘
真想，把这诗意的春天寄给你

那些燕子停留的屋檐、站台，是别离
是伤感，是渴望重逢
是不忍归去的乡愁
阳光下，簸箕里那席泛着金黄的笋干菜
重提了多少昔日情怀？

高耸的马头墙日日翘望他乡之客
竹制的镇匾编织一串串人文之梦
在这里，你会遇见李可染、楼英、楼曼文
时光的剪刀，终会将一切珍贵的小美好一一收藏

来自小巷深处
突然有“细十番”欢快的妙音传来
遗留在千年的光阴里
寻常日子
跳跃在灵动的指尖和弦上
只想做一个车马书信，看戏、吃茶的古人

从前，世人不忍惊扰这份宁静
而今，一条老街打开一汪活水
青石板一路铺陈，古村落涵养起古朴典雅的腰身
楼塔的双脚，已在湿润的脉络间生根发芽

来学一学这青砖斑驳黄泥墙上的方言
来看一场楼塔人的篮球赛
来过一过这里热闹的半年节
无论来自哪里，你的双手将和他们握出适宜的温度

古旧的木门吱吱作响
浸满翠软青苔的院落，恰似
一张铺就天然的绿毯
仿佛用一种委婉的方式在昭示
古韵正焕发新的生机

有些往事比蜿蜒远去的溪水还要久远
如同木栅花格月季的开落
守着楼塔，你会无比想念生活
守着生活，日子就漾起幸福感来

采风楼塔兼咏龙尾巴潭

王葆青

两个白昼我们砥砺了萧然
楼塔从来没这么开心过
大家都往一处风景歇脚
惊魂处,那以龙门作为起势的景观
末梢就着王铎的笔锋即兴一转
传说便纷纷跌落,像一串种子
拽着毫端,落笔里满拢了预期

只是河床颇有些消渴的症状
相思袒露,源自谷雨的承诺
在源头和悬窍的石洞之间
共通的这段情缘销蚀了沃流
不少人引颈遥望

而今浙诗也跋山涉水而来
踏过王勃盛唐的步幅
构思中熏染了草药的魔力
骤然响起圣母院象牙塔曾经的那个声音
“这个将杀死那个”,是宣纸的沙沙声

此刻怕也要掩埋了铁器喧哗的力量
诗情和泉水终要回归潮涨的高度
赶紧跃上龙潭桥,看时空的岔口
天界擎起一面殷红的旗帜
“风掣红旗”,百药山笑了
铁拐李也扔掉了宝葫芦
跌落一地的马甲,乐呵呵地
然后妙笔生花

再见楼塔

陈利萍

十年后再见楼塔
已是一块迷人翡翠
仙岩山的绿
楼塔溪的透亮
时髦的女子都爱佩戴它

走过老街时
阳光总是碎碎的
调皮而懂事
一阵初夏的微风
“细十番”往前飘
长长的身影往后倒
一万年都是这样

从此，不让时光有节点
不见，亦不约

水墨楼塔老街，以流水点睛(组诗)

陈于晓

水墨楼塔老街,以流水点睛

风翠绿,楼塔溪的流水银白
大抵跨过洲口老桥,这彩色的楼塔
就跌入了水墨
白墙灰瓦,鳞次栉比
像一帧帧等你去翻阅的旧照片

恍惚间,这街市和弄堂都斑驳成了
时光隧道
我们在时光里走动着
脚步声很轻
这么轻的脚步声
已经很难再叩动沉沉的青石板了

人声鼎沸上一阵,风一吹,又安静下来
风吹不动一把铜锁,如同一把铜锁
已锁不住老屋的空旷
但横街和直街

却锁住了老街的流淌
马头墙再高
高不过我的仰望,也不曾挡住一缕炊烟

民居、商铺、祠堂、楼英纪念堂
以及楼曼文纪念馆……光阴在讲述
老楼塔的故事
我们出神一会儿又走出来
脚印应该不是我们留下的
雕梁画栋间的
青苔抑或尘土,也与我们无关

时光不老,我们不散
时光若是老了呢
我们就撑一把油纸伞,把老街撑开成
悠长的乡愁
等烟雨漫起
水墨了楼塔,我们用流水点睛
从此,老街泛滥着款款的涟漪
也栩栩着鱼的呼吸

在仙岩山,逢着一位仙人

岭上多白云,这些白云终日赋闲
山间可采药,云彩一深,采药人
就不知去处了
你唤上一声

回答你的,只有空灵的鸟鸣抑或流水

这些都是仙地的标配
有松,松下
可以逢着童子
或者逢不着童子
也不打紧
只要有樵夫,樵夫打柴
若是在山间贪看下棋,斧子一定先烂了
也或者斧子生了根,长出枝叶
成为老树
仙岩山间,住过许询
他拒绝为官,不沽名,也不钓誉
只钓仙岩山的清风与明月
钓着钓着,拔除了尘世中的浊气
缓缓地,又抹掉了自己的影子
于是成仙
仙人总是不知所终
比如,骑青牛的老子,越走越远
走到了时间之外
只是,居仙岩的许询
岁岁年年,大抵还生活在楼塔的光与影中

仙人石还在
溪水已绕道而去
龙尾巴潭也已不在

龙尾还藏在
仙人石中么
龙潭桥是新修的
它演绎不出岁月的沧桑

我逢着的仙人
一定还出落在仙岩山下的烟火里
只是借了仙岩山的仙风道骨
比平常的我们,多了一些缥缈的灵气

祈雨,抑或半年节

楼塔的山,其实不深,藏不住
一弯小山村的风韵
清风徐来,吹动佳山坞的波光粼粼

野田、禾稻、草木、农家
杀猪、宰鸡鸭、裹粽子、放鞭炮
一串串红灯笼,在农历六月十四
点燃了火辣辣的“半年节”

“饮水思源,食德不忘
念我祖宗,择址佳山……”
祭文依旧,祈雨的仪式还依旧么
香火和烟火,早已不分彼此

你备下了盛宴,老天就备下了一场好雨

云朵从山那边过来，叠成厚厚的云层
雨从缝隙中漏出
如同鸡鸣犬吠之声
从山村人家的宁静中漏出

雨声滴答
滴答的雨声，成为半年节的
背景音乐
村民、村民的亲友
以及我们这些游人，所有的脚步
都是湿漉漉的，但心情是被鸟语溅湿的

举杯，在楼塔的辽阔中，在一声
又一声的祝福里
喝干的，叫酣畅淋漓
喝不干的，是绵绵无尽的乡愁

又闻楼塔“细十番”

笙、箫、笛、琵琶、二胡、中胡、
三弦、月琴、古板……
“细十番”中，隐约着一方悠扬的旧江南

翠竹，清风，流水叮咚
时不时地，翩翩起舞一只
或者一群老蝴蝶，羽翼之上
闪烁着密密匝匝的阳光

或者阳光渐渐散落成了沧桑

青山在走动,或者青山按兵不动
是峰峦在起伏
溪流、瀑布,山间冉冉
升腾的雾气,变换着模样的白云
茶园、百花、泥巴、抑或草木的气息
醇香、淡香,深深浅浅的光与影

从溪水中取出的一匹匹丝绸
在风中抖落着一尾尾游鱼
画舫、河埠头、哐当哐当的老月亮
大樟树、纷飞的银杏叶、禅意、乡韵
悠长悠长的老街、商铺、人家烟火

又闻楼塔"细十番"
入神时,我在
江南丝竹里醉意朦胧
出神时,跟着
一阵风,一起翻阅1100多年的老楼塔

楼塔行

蒋荫焱

乡村采风

李白桃红油菜黄，千村万岭溢春光。
嗡嗡声里文人乐，亦学蜂群采蜜忙。

到楼塔

青山环抱水拖蓝，万户东风春正酣。
千载盛唐留古镇，明珠一颗亮萧南。

楼塔“细十番”①

绝艺十番惟此扬，宫廷逸出乐山乡。
行云流水听天籁，明月清霄观雁行。
旧曲颂功怀大禹，新弦纳福动衷肠。②
曾经劫火魂难断，再起凤凰千里翔。

---

① “细十番”曲谱，传为名医楼英任明太祖御医时自宫中带至家乡。

② “细十番”曲谱，“文革”中被毁。经专家和老辈艺人回忆抢救复得。政府拨专款配备各种乐器，成立“细十番”俱乐部，使之得以继承和弘扬。楼塔古镇也以此项非物质文化遗产荣膺浙江省“民俗文化之乡”。

访龙潭仙岩许询隐处二首

垂纶曾立古时贤，不拜君王不恋权。
君子钓名君慢道[①]，今人几个避官钱？
碧涧仙岩升峭岸，金龙摆尾失深潭。
山河变异非原貌，不碍人来访再三。

楼塔老街

邑南古镇看楼塔，护景兴文美意赊。
深巷春秋存老宅，闲庭书画莳新花。
街中渠引长流水，门口鱼游吉庆家。
记得蟒蛇肠道句[②]，明朝诗向故人夸。

赞楼塔少儿启蒙礼仪活动

整齐鹄列拜祠堂，穿戴青蓝童子装。
先学礼仪承祖德，修身行道励清芳。

题楼英墓园

上医明祖，下治黎民，青囊施妙药，香添桔井；
日探病源，夜编案例，黄卷载奇方，光耀杏林。

---

① 史载东晋许询曾隐于此，时上溪中仙岩垂钓。

② 楼塔籍诗人楼奕林写《楼塔老街》，喻卵石街之峡窄阴暗潮湿粘滑，似行于蟒蛇肠中，句极精警。

山 行

烟遮山树翠，花赏海棠红。
游目随飞鸟，寻兰辟草丛。
涧声来石上，荇带绿潭中。
且向岩头坐，微吟动蕙风。

歌·剧

宽尾凤蝶——中国特有省级保护蝴蝶

楼塔，我亲爱的家乡（镇歌）

俞梁波

东晋名士的浪漫在这儿流淌
绣一幅绿水青山的生态画卷
百药山的传说豪气冲天
垒垒之石化成仙
洲口桥的沧桑岁岁年年
涓涓之水汇成河，汇成河
依依墟里烟，白鹭舞翩翩

十里山川的雄伟在这儿崛起
吟一曲继往开来的动人诗篇
“细十番”的天籁悠扬深远
陶醉八方来客
民俗风的喜庆幸福万家
奉献古镇风韵
妙笔绘天地，深情留乡愁

啊，楼塔，我亲爱的家乡
约会千年古镇，魅力荡漾
共谱新风流

啊，楼塔，我亲爱的家乡
拥抱千年古镇，天长地久
共画同心圆

故园情——母亲，今天我带您回家

根据革命先烈楼曼文女士事迹创作

编剧：夏　强

时间：当下

地点：萧山楼塔楼曼文纪念馆

人物：楼曼文，女，革命烈士。1908 年出生于萧山楼塔，1927 年成为中国共产党党员，在中央特科工作。1930 年经组织安排去日本留学，1932 年到莫斯科学习、工作，1941 年到迪化（今乌鲁木齐）开展革命工作，1942 年 9 月被捕入狱，1946 年 7 月回到延安，1947 年带病到晋西北参加土地改革，1949 年 2 月因病情恶化牺牲在河北平山西柏坡，终年 41 岁。

儿子，楼曼文烈士的儿子，1947 年出生，大学教授。

［舞台上，一片寂静。在低沉的音乐声里，大屏幕上出现今日楼塔乡村风光，并慢慢浮现出楼曼文烈士纪念馆以及楼曼文烈士年轻时候的雕像。

［一位老年知识分子慢慢地走上舞台，他注视着大屏幕上的雕像，缓缓地打开日记本，向我们讲述他母亲的故事。

儿　子　2018 年的 11 月 25 日，我站在“仁德传芳”这座老楼前，凝望着母亲的雕像，感慨万千。这是我第一次来到母亲的故乡，这也是我母亲去世 69 年，离开故乡 95 年后，再一次回到故乡。

[舞台另一角，出现一位年轻的身穿土布军装的女性，她抱着一个用毛毯裹着的婴儿，缓缓地走到大屏前，看着大屏幕。

楼曼文 这就是我吗？我就是楼曼文，小名梅园，我 1908 年出生在萧山南部山村的一个官僚家庭。在故乡，别人都叫我楼家四小姐，大家都说我从小就“胆大包天”，还说“这姑娘与众不同！中国人都像她，我们就不会有亡国之患了！”

儿　子 母亲从小就敢于冲破世俗的偏见。外祖父曾为她定下一门亲事，眼看说亲的时间临近，男家却迟迟未上门。原来是母亲背着父母，一个人去男方家与对方交流人生理想。她发现与这个人并不志同道合，立即拒绝了这门亲事。有一次，外祖父招待朋友打麻将，母亲看到门外寒风中等得瑟瑟发抖的黄包车夫，颇感不平，竟掀翻麻将桌，搅黄牌局。还有一次，菜场里卖鱼的小贩受到欺凌却不敢言，路过的母亲知道后，就替鱼贩子“出头”，当面痛斥欺行霸市的小地痞。

楼曼文 其实引领我走上革命道路的，是杨之华。她年长我 7 岁，是远近闻名的“新女性”。我常常问她借进步书报看。16 岁，我“咔嚓”一声剪下了自己的长头发，挣脱开家庭安排好的人生，踏上追寻理想的道路。

儿　子 1925 年“五卅惨案”，17 岁的母亲加入杭州学生联合会，在大街上、商店里劝募，然后把钱拿去救济死难同胞家属。母亲很会即兴演讲，她站在凳子上，向众人高呼：“打倒日本帝国主义！废除不平等条约！还我胶济铁路,还我旅顺大连! 雪清国耻,取消租界,抵制日货,向日本帝国主义讨还血债! 同胞们,只有赶走帝国主义侵略者,打倒官僚和土豪劣绅,我们劳苦大众才会有好日子。”

母亲不是缺衣少食的穷苦人,为什么要“自找苦吃”,去闹革命呢?

楼曼文 我曾经写信告诉我三姐,“姐,我们的家庭是什么家庭! 是封建的家庭,简直就是愁城! 所以,我要奋斗,直到新社会出现为止。姐! 为新社会我可以牺牲一切! 因为我们亲爱的无产者的兄弟姐妹们苦已尝够了。姐! 你也是被压迫的一个。姐呵! 世界上不久就会有成群的千万热血沸腾的青年要起来解救黑暗残酷的社会,那时,我们一定能很快乐地携着手在乐园中徘徊了吧。姐呵! 你切莫悲伤! 静心等个几年,然后就迎接美好的将来吧!”

儿　子 为实现全民族的独立解放,母亲在大革命失败的低潮中果断地加入了中国共产党。她担任过中共上海闸北区委女工部长,随后被调入中央特科交通科,协助研制出中国共产党的第一部电台。

楼曼文 1931 年党派我去日本,不久我又赴苏联学习。受顾顺章叛变的影响,我被停止党籍、学籍接受审查。一下子失去了最亲爱的党的信任,我忍住内心的痛苦,默默地去做一个普通的、接受审查的侨工。可是我内心一直在期待组织的重新召唤……

儿　子 这一等就是 6 年。身体和心理的双重打击使母亲变得虚弱、多病起来。1938 年,调查结果传到莫斯科,母亲才恢复了组织生活。在共产国际党校，母亲如饥似渴地学习着党中央关于国内革命斗争及建立抗日民族统一战线的文件和资料。她要把失去的时光追赶回来。

楼曼文 经常有战友劝我不要太累了，但我常常笑着回答："我失去的时间太多了，一定要补回来！6 年啊，我亲爱的同志，你知道我现在有多想了解我们的事业现在进行到哪一步了吗？"

儿　子 1941 年 1 月，母亲途经新疆回国。1942 年 9 月，盛世才撕下亲苏亲共的假面具，将陈潭秋、毛泽民等逮捕杀害。我的父母也被捕了。在狱中，母亲和战友们开展绝食斗争，秘密地过组织生活。他们的口号是："抗日无罪，百子一条心，集体回延安。"

楼曼文 在一次过组织生活时，我就这样表态："我们浙江出了个秋瑾，是女中豪杰。我是共产党员，更要为真理坚守我们的气节，宁死不屈！"

儿　子 1946 年重庆谈判结束后，母亲和战友们回到了延安。可是 4 年狱中生活的折磨，让母亲感染上了结核病病菌。1947 年在山西临县母亲生下我，由于产后得不到休息和足够的营养，母亲的身体更加虚弱。

党中央机关到达西柏坡后，母亲脖颈上的肿瘤，已经影响到吃饭和吞咽，渐渐地她连说话都困难起来。领导们动员她去大城市、大医院治疗，可她坚决不同意。她不愿意增加隐蔽战线上其他同志的风险；她好像已经知道自己的来日不多，她舍不得在人生的最后时刻，再与组织、同志和亲人们分开，孤独地离开这个她热爱的世界。

楼曼文 在我病重的时候，为了让我开心一点，首长们老是对我讲："曼文大姐，我们就要进北京了，就要胜利了，我们几个老家伙，就是抬也要把你抬进北京城。"

儿　子 听到这里，母亲很开心地笑了。这是她最后一次和同志交流。

母亲病重期间，常常思念鱼米之乡的萧山老家，思念故乡的亲人。有一次，她突然在炕上醒来，握着父亲的手说："你见过钱塘江的潮水吗？"她似乎在谛听，在遥望，一年一度的钱塘江大潮滚滚而来的壮观。

楼曼文 钱塘江，那是我故乡的江；钱塘江大潮，那是我故乡的大潮。故乡啊，我好想再看你一眼，你可知道我永远是你的女儿。

儿　子 1949 年 2 月 17 日，母亲在河北省平山县西柏坡的东黄泥村病逝，年仅 41 岁，中华人民共和国成立后被追认为革命烈士。

楼曼文 千里波涛滚滚来，雪花飞向钓鱼台。
人山纷赞阵容阔，铁马从容杀敌回。

儿　子 母亲离开时不到两岁的我，
到如今已是白发老叟。
妈妈，永别的时候，
我没有来得及多看您一眼，
我甚至还记不清您的模样。

楼曼文 冬去春来，
山野里的花开了又谢了；
多少年了啊，我想回家，
归乡的路程啊，为什么那样遥远？

儿　子　终于有一天,我像做了一个梦,
像天使一样插上了翅膀,
飞到了母亲阔别已久的故乡。
我看到那一望无际的田野,
又闪现出金黄的稻浪,
路边盛开着美丽的鲜花,
我闻着花香沉醉在树旁。
母亲,儿子带您回家了!您看见了吗?

楼曼文　对,这就是我的故乡,
终生难忘的地方。
乡啊,你是何时换上了漂亮的新装,
你是否还记得我在远方?
过去的村庄如今都盖上了新房,
贫瘠的土地怎么变了新的模样?

儿　子　母亲,变了,一切都变了,
旧貌早已换了新颜,
山清水秀映入画廊,
曾经的绿水青山,
现在是金山银山。

楼曼文　不舍的离愁,常在梦中牵挂,
南飞的大雁,
带我回家吧!
我听见了故乡的召唤,
故乡的亲人啊!
你可知道我永远把你们想望。

儿　子　母亲,看,这就是您的故乡,您今天终于回家了!

母亲，看，这就是您的亲人，您今天已经回家了！

[两个人穿越时空，紧紧地拥抱在一起。

[音乐转换到《乡愁》，直接到高潮。